Prisioneros de esperanza

Claudia Cedillo de Torres

CASA
CREACIÓN

La mayoría de los productos de Casa Creación están disponibles a un precio con descuento en cantidades de mayoreo para promociones de ventas, ofertas especiales, levantar fondos y atender necesidades educativas. Para más información, escriba a Casa Creación, 600 Rinehart Road, Lake Mary, Florida, 32746; o llame al teléfono (407) 333-7117 en Estados Unidos.

Prisioneros de esperanza por Claudia Cedillo de Torres
Publicado por Casa Creación
Una compañía de Charisma Media
600 Rinehart Road
Lake Mary, Florida 32746
www.casacreacion.com

CONTENIDO

AGRADECIMIENTOS

A MI SEÑOR JESÚS que sin su mano sobre nuestras vidas, no sé qué hubiera sido de nosotros. Gracias, Jesucristo, por tu gracia derramada en nuestras vidas, por tu inmensa misericordia y por tu amor inalterable a lo largo de todos estos años. Gracias por permanecer siempre a mi lado y por hacer que mi corazón siga latiendo con fuerza cada vez que susurras mi nombre. Tu amor inalterable me ha conquistado una y otra vez y no hay palabras con las que pueda realmente agradecerte todo lo que has hecho por mí y mi familia. Te amo, gracias por amarme primero.

A mi esposo, Roberto, porque a pesar de conocer el riesgo, me escogiste y te enamoraste de mí. Gracias por ser un excelente papá, por hacer lo que fuera necesario para que Robi creciera sano.

Por amar a Dios, a tu familia, y después amar el privilegio que es poder servirlo. ¡Te amo!

A ti, mi pequeño campeón. Robi, eres una bendición para mi vida, para nuestra familia. Si Dios me diera la oportunidad de regresar el tiempo, te volvería a escoger tal y como eres, no cambiaría nada. Porque ese corazón que tienes, solo se da en ese estuche llamado cuerpo que tienes. Y sigo escogiendo tu corazón rendido a Dios. Gracias, hijo, por permitirme aprender a ser tu mamá y por darme la oportunidad de corregir cuando fallo. Te amo más de lo que puedo expresar.

A Jessica, gracias por ser quien eres. Por el gozo que trajiste del cielo de parte de mi Padre a mi vida y a esta familia. Por el cántico de esperanza, amor y libertad con el que llegaste… desde el día en que naciste hasta el día de hoy, he escuchado su canto de amor sobre mí. Eres un regalo de Dios no solo para nosotros sino para muchos. ¡Te amo, mi princesa guerrera!

A Blake y Rena Cromwell por estar siempre dispuestos a ayudarnos. Por abrirnos las puertas de sus corazones, familia, hogar e iglesia cuando más lo necesitábamos. Gracias por cada vez que fueron las manos de Jesús aquí en la tierra para esta familia. ¡Muchas gracias! ¡Los amamos!

A la iglesia Koinonía y sus miembros por ponernos un departamento amueblado no una vez, ¡sino dos veces! A cada persona que donó sus muebles para que nosotros tuviéramos un hogar. ¡Muchas gracias!

A Blanquita y Alberto Carrillo por siempre estar dispuestos a ayudarnos. Por cuidar de Robi desde que era pequeño no solo con sus oraciones, si no con acciones. Muchas gracias por su amor incondicional y todo su apoyo. ¡Los amamos!

A mi hermano Alberto. Sufrió la escasez de medicamento y la ignorancia de muchos médicos. Por años fue atendido con un tratamiento arcaico, hasta que finalmente la ignorancia y descuido de los médicos lo llevó a ser contagiado de sida. Su vida fue corta y muy dolorosa. Pero, Beto, tu vida no fue en vano. Puse atención y aprendí a través de tu vida. Ahora ya estas gozándote en la presencia de Dios y algún día nos volveremos a ver. ¡Te amo, hermano!

A mi hermano Julio César por el privilegio que fue ser tu mamá. Hermano, fuiste mi conejillo de indias. La necesidad me "obligó" a cuidarte y ver por ti, pero cómo amé jugar con un muñeco de carne y hueso. Te amo, hermano, y estoy muy agradecida con Dios por tu vida. Gracias por amar a mis hijos y estar siempre dispuesto a bendecirlos.

A mi mamá por permitirme contar nuestra historia y por seguir dejando que Dios nos trasforme día a día. ¡Te amo, mamá! Dios ha sido muy bueno con nosotros.

A todos los que alguna vez oraron por mi hijo y nos apoyaron en los momentos que más lo necesitábamos. No puedo escribir los nombres de todos pues sería imposible, pero créeme que si tú alguna vez oraste y me preguntaste por Robi, o alguna vez nos ayudaste cargándolo cuando no podía caminar, esto es para ti: ¡muchas gracias!

La comunidad

La comunidad de los quebrantados de corazón o pobres en espíritu es receptiva a la transformación; esto es, a una revolución del alma encendida por el Fuego consumidor. Los miembros de esta sociedad son peligrosamente honestos, incansables buscadores y dependientes inagotables. No tienen miedo a declarar su estado de imperfección, porque con denuedo y seguridad perciben bien la justicia de Cristo en ellos. Estos hermanos y hermanas viven persiguiendo el corazón de Dios. Ellos saben que esto es algo de vida o muerte, puesto que solamente estando dentro y en su presencia pueden ser testigos de la metamorfosis de sus almas cautivas. Estos mendigos espirituales solo estiman meritorio el vivir postrados ante el trono de la gracia, y gimen por ver la vida de Cristo manifestada a través de ellos. Estos hombres y mujeres con valentía y sin vergüenza revelan sus corazones heridos y sus almas quebrantadas, siempre confiados con un fervor ilógico en el Espíritu que sana y restaura. Sangran y dudan; lloran y gritan, pero continúan indagando en las profundidades de la Divinidad. En las eternas profundidades del corazón de Dios encuentran respiro y vida abundante. Su voto de lealtad es una relación; la religiosidad es su desdén. Estos revolucionarios atraen a los hambrientos en espíritu y amenazan a los tibios con su transparencia. Peregrinos y extranjeros, estos individuos que se privan por decisión propia, son poseedores de todas las cosas. El mundo no es digno de ellos.

Esta es la comunidad de los pobres en espíritu; donde la Divinidad se encuentra con la humanidad y el caos con la redención.

Y tú, ¿eres un miembro?

Roberto Torres Cedillo

PRÓLOGO

por Marcos Vidal

DIOS ES EL ser más extraordinario que existe. Usamos términos demasiado distantes para definirle, expresiones como omnisciente, omnipotente, omnipresente, todas esas palabras que empiezan por "omni", cuyo significado no alcanzamos a comprender en su totalidad.

Por eso cuando tomamos en serio una relación con Dios descubrimos que estamos en la más absoluta inferioridad de condiciones: Él lo puede todo, nosotros no. Él lo sabe todo, nosotros no. Nos conoce mejor que nosotros mismos y no se le escapa ningún detalle acerca de nuestras vidas. No hay nada que esté fuera de su control ni existe forma alguna de sorprenderle. No hay ni siquiera un solo pensamiento oculto en nuestra mente que le tome por sorpresa, mucho antes de que lo llegáramos a concebir Él ya lo vio venir.

Eso nos deja en una posición en la que solo podemos optar por amarle y adorarle, o darle la espalda y alejarnos de Él. Somos libres, así es el regalo de la vida.

Si como Claudia y Roberto, hemos decidido vivir cerca de Dios, todas las circunstancias que nos acompañan en la jornada son afrontadas con una actitud diferente a la de aquellos que escogen vivir sin Él. Tener a Jesucristo en nuestras vidas es lo que transforma todo. Porque la diferencia entre ser cristiano y no serlo, no consiste en que el cristiano camina por un lecho de rosas sin que le alcancen nunca el dolor o el miedo. Todo lo contrario: ser cristiano en ocasiones resulta en toda una serie de conflictos que de otra forma uno se ahorraría. Pero ser cristiano significa también que uno jamás estará solo, porque con nosotros está Aquel que todo lo puede, el que todo lo sabe, el que nunca se sorprende, el que nunca pierde el norte y siempre tiene el mismo mensaje para nosotros: "No temas, yo estoy contigo". Ser cristiano, por lo tanto, significa tener a Jesucristo de nuestro lado. Y esa es siempre nuestra mayor garantía, es lo que convierte a David en vencedor de Goliat cuando todas las apuestas están en contra. "Tú vienes a mí con espada y lanza y jabalina; mas yo vengo a ti en el nombre de Jehová de los ejércitos, el Dios de los escuadrones de Israel, a quien tú has provocado" (1 Samuel 17:45, RVR1960). Dios estaba con David y esa fue su salvación. Dios no estaba con Goliat y esa fue su perdición.

Claudia y Roberto Torres son personas normales que han crecido juntos enfrentando a uno de los peores gigantes que como padres se puede llegar a conocer: la enfermedad en un hijo. No hablamos de un constipado o de las típicas fiebres infantiles de las que todos los niños se recuperan con naturalidad, sino de la enfermedad crónica que afecta el desarrollo y la vida normal de un niño. No hay nada más doloroso que ser testigo de cómo un hijo tiene que aprender a vivir con el sufrimiento que otros niños no tienen. Es una marca, un freno constante que señala al ser que más quieres y le hace sentirse diferente al resto, con todo lo que eso implica además en el plano emocional. Y cuando las visitas al hospital se convierten en parte de la normalidad cotidiana, los días pueden llegar a ser muy largos y la vida se vuelve a veces un mar de lágrimas. Quien no ha pasado por ese valle ni siquiera sabe de lo que hablamos.

Pero es precisamente ahí donde se manifiesta el milagro de la fe en Jesucristo; la realidad diaria de la vida cristiana normal. Cuando Jesucristo gobierna una vida, desde las profundidades más oscuras puede nacer la reserva de gozo más indescriptible; de la miseria más penosa puede brotar la fuente de paz más impensable. Y no es porque uno tenga todas las respuestas, sino por conocer a Aquel que sí las tiene, y por saber que Él está siempre con nosotros. Es Él quien nos va guiando paso a paso, por mil recovecos incomprensibles, por luces y sombras, para terminar sacándonos siempre a lugares espaciosos y a prados verdes como lo expresa David en el Salmo 23.

Esta es la experiencia de la familia Torres. Cuando los conocí por primera vez en 1998 no encontré a un matrimonio deprimido, a pesar de que Robi era un niño pequeño que ya presentaba todos los síntomas y dificultades propios de su enfermedad. Sin embargo, vi en Roberto y Claudia el vigor y la esperanza de aquellos que han depositado toda su confianza en Jesucristo. Por eso sé que lo descrito en estas páginas corresponde a la verdadera experiencia que han vivido durante todos estos años. Gracias, Claudia, por compartir con nosotros el testimonio de toda una vida. Gracias por darle a Dios todo el crédito y toda la gloria. Gracias por creer siempre y no callar las maravillas de Dios.

Es mi deseo que este testimonio fortalezca la fe de todos aquellos que estén atravesando algún valle oscuro. Que esta historia real robustezca su esperanza, y que "la paz de Dios, que sobrepasa todo entendimiento guarde sus corazones, y sus pensamientos en Cristo Jesús" (Filipenses 4:7, RVC). A Él sea siempre toda la gloria.

INTRODUCCIÓN

ESTE LIBRO NACIÓ en las noches en vela al lado de la cama de mi hijo en un hospital. Esa fue la primera vez que empecé a escribir. Al principio lo hice para que cuando creciera no olvidara la bondad y el amor de Dios para con él. Después se convirtió en una mezcla de desahogo y oraciones entre Dios, mi hijo y yo. Y por último, sin darme cuenta, empecé a hacer declaraciones proféticas que dejaba plasmadas en esas hojas.

Más adelante Dios me puso el sentir de poder compartir nuestra experiencia con todos aquellos que al igual que nosotros están pasando por momentos difíciles. La intención es poder compartir contigo nuestro testimonio, confiando que recibirás ánimo al comprobar junto con nosotros la fidelidad de Dios para con sus hijos.

Este libro es una recopilación de oraciones, lágrimas, preguntas; de una jornada que comenzó el día que Dios me concedió el privilegio de convertirme en madre. En estas páginas encontrarás como Dios convirtió una niña en una mujer y capacitó sus manos para pelear por su hijo; y como Dios los sostuvo en cada paso que daban.

Espero que puedas ver el gran amor de Dios por ti a través de estas páginas y con un entendimiento fresco puedas ver que hay esperanza. ¡Él es nuestra esperanza!

Capítulo 1

LO INESPERADO

¡Vas a ser mamá! Me dijo el médico. Pareciera que lo puedo volver a escuchar. Son de esas experiencias que no se olvidan; que se quedan grabadas para siempre en tu alma.

Año y medio después de haber estado casada le estaba dando la bienvenida al regalo más precioso que Dios le puede dar a una mujer: ¡ser madre!

El día que nació fue inolvidable. Amigos y familiares estaban ahí brindándonos su apoyo y cariño. Había tanta gente en la sala de espera que cuando se prendió la lucecita azul anunciando que había sido un varoncito, los gritos de alegría se podían escuchar hasta el quirófano. Mi ginecólogo sonriendo me dijo: "Los van a salir a regañar", pero no había nada, ni nadie que pudiera callar el gozo de la llegada de nuestro primogénito.

Mi corazón estaba lleno de exclamaciones de gratitud y gozo.

Cuando lo pusieron en mis brazos era el ser más hermoso que hubiera visto; con su cabello negro rizado, envuelto en una cobijita azul, con un aroma de vida y esperanza.

Qué increíble sensación es conocer a la personita que fue creciendo dentro de ti por nueve meses y finalmente poder abrazarla, besarla; no hay palabras adecuadas para describir con exactitud esta experiencia.

Todos los que hemos tenido la bendición de ser padres recordamos los nervios que produce la llegada de un recién nacido. ¡Uno descubre que no sabe nada de nada! Haber jugado a las muñecas (si es que lo hiciste), no te ayuda en esos momentos. Si el bebé llora, no sabes por qué. Si no se despierta cada tres horas a comer, también te preocupas. Estás llena de preguntas, pero así es como comienza la aventura.

Llegamos a casa después de un par de días en el hospital. Toda mamá primeriza sabe lo que se siente cuando te das cuenta que lo vas a tener las 24 horas del día contigo y es tu responsabilidad. ¡Es aterrador!

Ya no están las lindas enfermeras llevándoselo para que tú descanses. ¡Ahora son tú y él!

Recuerdo parándome cada 15 minutos para revisar si estaba bien, si estaba respirando. ¿Qué mamá no ha hecho esto?

Recuerdo mi primer intento cuando decidimos bañarlo mi esposo y yo. Fue un desastre. Después de algunos días en los que mi mamá nos había ayudado, le dimos las gracias y le dijimos que ya podíamos hacerlo nosotros solos. Preparamos todo, bueno lo mejor que pudimos. Al principio el agua estaba muy caliente, pero mi bebé ya estaba desnudo así que comenzó a llorar de frío, luego le pusimos agua de más y se enfrió demasiado. Mi pequeño estaba llorando ahora con mayor intensidad. No podía creer que de ese cuerpecito pudieran salir esos gritos tan intensos. Finalmente quedó templada el agua, y justo cuando estábamos por meterlo a la tina, al chiquitín se le ocurrió orinar. Te podrás imaginar. Quería llorar junto con él.

Así pasaron los meses y mi pequeño crecía y nosotros junto con él.

Seguía descubriendo a este ser maravilloso. Uno de los recuerdos que más atesoro es el sentimiento que me sobrecogía al contemplarlo; sentía que mi corazón se reventaría de tanto amor. Me preguntaba: *¿Cómo es que puedo amarlo tan intensamente? Que sensación tan maravillosa; mi hijo, mi pequeño.* Me sorprendía la intensidad de este amor, y de la capacidad de amarlo tanto. Y para ser sincera, me sigue sorprendiendo cuánto lo amo.

Cuando mi hijo, Roberto, tenía unos seis meses empezaron a salirle moretones en algunas partes de su cuerpo, y comenzó una lucha en mi corazón.

Yo me resistía a la idea de que mi hijo hubiera nacido con hemofilia.

¿QUÉ ES LA HEMOFILIA?

La hemofilia es un trastorno hemorrágico congénito vinculado al cromosoma X, provocado por la deficiencia del factor VIII de coagulación.[1]

Sabía que existía un 50% de probabilidad de que yo fuera portadora de esta enfermedad.

TRANSMISIÓN DE LA HEMOFILIA

El gen de la hemofilia pasa de uno de los padres al hijo. Los genes de la hemofilia A y B se encuentran en el cromosoma X. Por eso, la hemofilia se describe como 'ligada al cromosoma X'.

Las mujeres que tienen el gen de la hemofilia son llamadas portadoras. A veces muestran signos de la hemofilia, y pueden transmitirla a sus descendientes. Para cada uno de sus descendientes, hay 50% de probabilidad de que si es varón tenga hemofilia y 50% de probabilidad de que si es mujer sea portadora del gen. [2]

Dado que existía esta posibilidad, antes de casarme se lo hice saber a Roberto, mi esposo. Pero uno nunca se imagina que le pueda pasar a uno, además yo creí que ya había cortado con mi pasado. Cuando le entregué mi vida a Jesucristo hubo una escritura que yo abracé con todo mi corazón y la hice mía: "De modo que si alguno está en Cristo, nueva criatura es; las cosas viejas pasaron; he aquí todas son hechas nuevas" (2 Corintios 5:17, RVR1960).

Realmente no tenía duda de que toda herencia maligna había sido cortada de mi vida.

Es tan fácil caer en una negación. Y por algunos días traté de ignorar la realidad. Pero eran cada vez más notorios los moretones que le salían a mi hijo sin ninguna causa aparente, en sus codos y antebrazos. Mi esposo y yo sabíamos que existía la posibilidad pero nunca consideramos que esto nos sucedería, pero ya no podíamos seguir ignorando los moretones que estaban apareciendo en el cuerpo de mi hijo.

LOS SIGNOS DE LA HEMOFILIA

- *Hematomas extensos.*

- *Sangrado dentro de los músculos y las articulaciones.*

- *Sangrado espontáneo (sangrado repentino dentro del cuerpo sin que haya un motivo claro).*

- *Sangrado durante mucho tiempo tras cortarse, sacarse una muela o someterse a una cirugía.*

- *Sangrado durante mucho tiempo tras sufrir un accidente, particularmente luego de una lesión en la cabeza.* [3]

Finalmente tomamos la decisión de ir a los laboratorios para que le hicieran los análisis. Era tan pequeño y lloró tanto cuando le tomaron la muestra de sangre.

DIAGNÓSTICO

La hemofilia se diagnostica tomando una muestra de sangre y midiendo el grado de actividad del factor. La hemofilia A se diagnostica haciendo pruebas del grado de actividad de coagulación del factor VIII. [4]

Pero había llegado el momento de enfrentar la verdad y así poder saber cómo orar. Tuve que entender que enfrentar la realidad no es tener falta de fe, es tratar de ser entendidos para poder ser más efectivos en oración y poder planear que tipo de batalla estamos enfrentando.

Nos informaron que podíamos recoger el resultado de los análisis al siguiente día, temprano en la mañana. Yo seguía guardando la esperanza de que mi hijo no hubiese nacido con hemofilia, y así me mantuve hasta el siguiente día confiando en un milagro.

Todavía recuerdo esa mañana, era fría, muy fría, o tal vez sería el frío de la incertidumbre que pesaba en mi corazón cuando fuimos a recoger el resultado de los análisis. Tomamos el sobre y salimos al estacionamiento para poder ver los resultados estando solos. Mi esposo abrió el sobre y me dijo, es positivo. Solo recuerdo que lloré con un dolor nuevo y profundo, un dolor que solo aquellos que son padres conocen; y que nosotros por primera vez estábamos experimentando.

Tenía tantos recuerdos dolorosos de mi niñez al lado de mi hermano viéndolo sufrir a causa de la hemofilia; y todos esos recuerdos se agolparon en mi mente como una nube negra tratando de robar mi fe en Dios.

¡Mi hijo había nacido con hemofilia!

Era algo con lo que no había contado, algo inesperado, que no estaba dentro de nuestros planes. En esos momentos no podía decir nada, solo podía llorar.

Al estar escribiendo recuerdo como si fuera ayer que a pesar del dolor, la desilusión, el temor y todos los sentimientos que llegaron a tocar con fuerza demandante a mi corazón, por encima de todo, escuché el susurro de Dios. En lo profundo de mi corazón supe que Él estaba en control y que una nueva jornada estaba por comenzar en nuestras vidas.

El apóstol Pablo escribe en su carta a los Romanos: "Y sabemos que Dios hace que todas las cosas cooperen para el bien de quienes lo aman y son llamados según el propósito que él tiene para ellos" (Romanos 8:28, NTV).

Este versículo me fascina, pues no dice que "algunas"

cosas cooperan para el bien; dice TODAS las cosas cooperan para el bien de quienes lo aman. No sé por lo que estés pasando en este momento o qué situación estés viviendo, pero permite que esta verdad llene tu corazón de fe y esperanza. Cada vez que leo este pasaje en la Palabra de Dios, me sigue animando, pues su palabra es fiel y verdadera. Te invito a que lo vuelvas a leer y medites: "TODAS LAS COSAS COOPERAN PARA EL BIEN DE QUIENES LO AMAN".

Esto quiere decir que cada situación, por difícil y complicada que parezca, Dios no la desperdicia y la usará para seguir forjando en nosotros el carácter de Jesucristo. Si nos aferramos a Dios en cada vivencia de nuestras vidas— sea mala o buena—, Él puede forjar un propósito de redención y victoria. Y es posible, incluso, que lo use para que descubramos nuestro llamado; aquello para lo que Dios nos quiere usar aquí en la tierra. Así fue con los hombres y mujeres que caminaron con Dios. Pensemos por un momento en Pablo. Dios soberanamente redimió y encaminó cada experiencia y vivencia que tuvo para que llegara a ser el apóstol que todos admiramos. Otro gran ejemplo es la reina Ester. Las experiencias que ella vivió soberanamente la llevaron a descubrir su llamado y propósito, y, a la misma vez, la posicionaron para cambiar el rumbo de la historia.

Y podríamos seguir con cada hombre y mujer de Dios que enfrentaron adversidad y sufrimiento, pero vieron el amor redentor divino redimiendo todo para bien.

Así sucedió con nosotros al estar pasando por las experiencias de análisis de sangre, resultados devastadores, lágrimas y dudas. A pesar de no entender el porqué, nos aferramos a la bondad de Dios, confiamos en su soberanía y

Él empezó a definir nuestro rumbo; a darnos un propósito. Como yo soy la que estoy contando la historia, te puedo decir que esta situación completamente inesperada, Dios la usó para mostrarme lo que Él quería que yo hiciera; cuál era mi "vocación" o "llamado" en esta situación que yo estaba comenzando a vivir. Conforme avancemos en la historia, podrás ver junto conmigo cómo Él me empezó a enseñar y a guiar en esta nueva etapa de mi vida. Al confiar en Dios durante lo inesperado en nuestras vidas, pudimos ver cómo su plan divino cambió nuestro destino. Y emprendimos una jornada que ha sido maravillosa, no por las lágrimas y el dolor, sino por lo increíble que ha sido ver a nuestro Padre celestial a nuestro lado en cada momento, mostrando su bondad y diciéndonos: "¡No temas; Yo estoy contigo!".

No me contesta...

Algunas veces las oraciones no contestadas son las más efectivas...

Y si piensas que Dios no entiende lo que se siente estar en esta encrucijada desalentadora, recuerda la oración de Jesucristo aquella madrugada tenebrosa: "Abba, Padre, todo es posible para ti. No me hagas beber este trago amargo" (Marcos 14:36, NVI).

Pero Jesús entendía muy bien la dinámica de las oraciones no contestadas; aquellas oraciones que vienen delante del Padre de toda gracia, el Soberano del universo, quien nos conoce profundamente y teje el tapiz de nuestras vidas de la manera más buena y hermosa, aun cuando no lo entendemos.

Y es por esto que Jesús terminó su oración: "Pero no sea lo que yo quiero, sino lo que quieres tú".

Ese mismo Jesús es parte de mi vida; Él vive en mí. Y cuando yo levanto mi oración y no veo la respuesta, aun con lágrimas en los ojos y un palpitar débil, sigo confiando que Él es el tejedor de todos mis sueños y anhelos, y que es digno de toda mi confianza.

Roberto Torres Cedillo

Capítulo 2

APRENDÍ A CONFIAR

AL QUERER EMPEZAR a escribir este capítulo el simple título me hizo remontarme a todos esos momentos maravillosos en los que el Señor me tomó de la mano y me guió a que aprendiera a confiar; sí, estás leyendo bien: que aprendiera a confiar. La confianza era algo que yo había perdido en algún cajón de mi niñez; la confianza quedó sepultada y empezó a ser asfixiada por el temor, por el desconcierto, la confusión y la ignorancia de la existencia de un Padre celestial lleno de bondad y compasión.

Al conocer al Señor Jesucristo el cambio no fue instantáneo, no ocurrió de la noche a la mañana, fue un largo proceso.

Entendí que es imposible confiar plenamente si tienes temor. Estos dos sentimientos opuestos se repelen. Cuando realmente confías en alguien, no temes. Cuando tienes sentimientos de temor hacia alguien, es muy difícil—y a veces imposible—que confíes en esa persona. Así de simple, ¿no es así?

Y, por lo general, no puedes confiar en un extraño, en alguien que no conoces o en alguien que apenas estás empezando a conocer. Yo estaba comenzando a conocer a Dios y a confiar en Él.

Tenía solo tres años de haberle entregado mi vida a

Jesucristo, y estaba llena de temor. Como te comentaba, el temor fue el sentimiento más recurrente de mi niñez. No fue el amor, ni tampoco el gozo; fue el temor. Como un tirano despiadado, el temor intentó esclavizarme desde que era una niña.

Dios fue muy paciente conmigo. Una y otra vez me bendijo diciéndome de tantas formas que Él tenía un cuidado especial de mí. Hay dos ocasiones muy especiales que las tengo guardadas en mi corazón. La primera vez fue cuando un amigo de mi esposo y mío estaba visitando nuestra congregación y al terminar una de sus enseñanzas de repente me abrazó y me dijo: "Dios me dijo que te dijera, que Él nunca te va a fallar". Nuestro amigo no sabía mucho de mi niñez y no sé qué tanto se dio cuenta lo que significó para mí su obediencia en decirme lo que mi Padre celestial le encomendó. La segunda ocasión fue cuando otro amigo cantante y compositor se me acercó después de haber estado en un tiempo maravilloso en su presencia y me dijo: "Él tendrá un especial cuidado de ti siempre". Yo estaba conociendo su Palabra y sabía lo que decía, pero qué bueno es cuando tu Padre celestial te manda un "recado especial". Dios estaba sanando mi corazón y devolviéndome mi confianza.

Durante los primeros años de mi nueva vida como su hija, lo que más me ministró Dios una y otra vez fue acerca de no temer. Pasajes como Isaías 41:10 y Salmo 34:4 fueron construyendo el fundamento de mi confianza en Dios: "No temas, porque yo estoy contigo; no te desalientes, porque yo soy tu Dios. Te fortaleceré, ciertamente te ayudaré, sí, te sostendré con la diestra de mi justicia"; "Busqué al SEÑOR, y Él me respondió, y me libró de todos mis temores" (NBLH).

Me aferré a escrituras como estas al estar dando mis primeros pasos en mi nueva relación con Jesucristo.

Pero unos días después de haber recibido la noticia de que mi hijo había nacido con hemofilia, esa sombra negra de temor volvió a querer posarse sobre mí.

Recuerdo como el enemigo de Dios tergiversaba las escrituras que yo creía para tratar de molestarme. Me llegaban a la mente preguntas que ni siquiera quería formular, pues me daba vergüenza que estuviera pensando cosas así: "¿Si Dios te dijo que Él te cuidaría y nada malo te pasaría, por qué te pasó esto?"; "¿Quiere decir que en cualquier momento Dios puede volver a dejar que te pase algo?"; "Tal vez es por un propósito mayor que todavía no ves, pero que lástima por ti". Mentira tras mentira bombardeaban mi mente.

Aunque sentía la mano de Dios conmigo, había estado tan acostumbrada a temer, era tan familiar ese sentimiento, que no sabía qué hacer. Y ahora teniendo una sana retrospectiva puedo ver que no era para menos. Había visto a mi hermano Alberto batallar toda su vida con esta enfermedad. A mi mamá la vi preocupada toda mi vida por mi hermano; corriendo a cada rato al hospital. Sangrado tras sangrado, mi hermano Alberto pasó más tiempo de su vida en los hospitales que en casa. Y ahora yo, que había creído que Dios no permitiría que tuviera un hijo con hemofilia, tenía un hijo que había nacido con esta terrible enfermedad. La promesa de "si alguno está en Cristo, es una nueva creación. ¡Lo viejo ha pasado, ha llegado ya lo nuevo!" (2 Corintios 5:17, NVI) parecía no ser para mí, o al menos en esta situación era contradictoria.

El horror de vivir lo mismo que mi mamá vivió era sobrecogedor y, en ocasiones, paralizador.

Las memorias que tengo de mi hermano Alberto datan desde que yo tenía tres años. Recuerdo que lo fui a ver a su cuna y que traté de sacarlo para cargarlo. En eso mi mamá me gritó histéricamente. Solté a mi hermano del susto, me bajé de la cuna y mi mamá corrió a cargar a mi hermano y le vio un moretón en el estómago y pensó que yo lo había mordido. Por supuesto que no fue así, pero es uno de los primeros recuerdos impactantes que tengo. En otra ocasión, yo tendría ya unos cinco años, mi mamá le estaba cortando las uñas a Beto, y le cortó un pedacito de piel de uno de sus deditos. Recuerdo vívidamente como la sangre brotaba y brotaba y no paraba. Mi mamá corrió al hospital y yo no entendía bien qué pasaba, solo que mi hermano podía morir. Esto era lo que yo escuchaba y lo que veía: sangrados de la nariz que no paraban, dolores en sus rodillas, una apendicitis que casi le cuesta la vida, un tumor en su cuello, temor por todas partes, incertidumbre, ignorancia y mucha ira. Este era el aire que se respiraba en mi hogar. No sé cuántas veces le prometí a Dios cosas a cambio de que mi hermano sanara. Y en ese tiempo ni siquiera estaba segura si Dios me escuchaba.

Así que cuando mi mamá venía a visitarme para ver a su nieto, era una lucha, pues podía ver en su rostro la angustia y el temor que ahora sentía por su nieto. Y aunque sus comentarios no eran malintencionados, pues ella quería ayudarme, me ponían a la defensiva pues estaban llenos de temor. En ese tiempo mi mamá no le había entregado su vida a Jesucristo y eso complicaba las cosas.

Pero descubrí que me podía refugiar en mi marido Roberto, pues a él no le afectaba de la misma manera que a mí. Él no tenía registro de lo que se debía esperar, o de lo que sucedía con alguien con esta enfermedad. Yo sí. Así que él podía hablar con mi mamá sin ningún problema.

En cuanto a mi mamá, Dios me habló y me hizo ver que tenía que hablar con ella. Le pedí que me dejara aprender y que confiara en que Dios me estaba enseñando. Y ese día por la gracia de Dios le dije: "Mamá, esta situación con mi hijo es completamente diferente. Tengo a Dios de mi parte y Él cuida de nosotros". Cuando se lo dije ni yo misma me esperaba que le fuera a decir eso, pero decidí creer que así sería.

¿Crees que ese día dejé de batallar con el temor?

No.

Tuve que tomarme de la mano de Jesucristo, en un túnel oscuro, donde no veía absolutamente nada, llena de pánico a la oscuridad, pero con su mano firme apretando la mía. Y eso fue suficiente para comenzar a dar pequeños pasos, no sin temor. Esto es muy importante que lo entiendas. Cada paso que daba sentía temor. Tuve que repetirme un sinfín de veces en este proceso: "No vivo por lo que siento sino por lo que he decidido creer", una y otra vez... y aferrarme a esa mano extendida de mi Maestro.

Quisiera compartirte algo que aprendí sobre la confianza y lo importante que es ayudar a los hijos a crecer con una confianza sana hacia los padres; pues esto hará más fácil que tengan una completa confianza en su Padre celestial.

La confianza es un sentimiento en el que se va ganando o perdiendo terreno. Piensa en un niño pequeño: él confía absolutamente es sus papás, no tiene dudas y les cree lo que le dicen. Pero conforme va creciendo, si sus papás no cumplen su palabra, el niño empezará a tener desconfianza. Si en la siguiente ocasión que le digan algo no lo hacen, y la siguiente vez no cumplen su palabra, cada vez será más difícil para ese pequeño confiar. Los padres son la imagen de mayor seguridad para un niño; si no puede confiar en ellos le costará mucho más confiar en otras personas.

Quiero hacer mención de algo muy importante, la principal razón de que la confianza de un niño se desarrolle o no se desarrolle está vinculada al cumplimiento de la palabra de sus padres. Si un papá o mamá le promete a su hijo o hija algo y no lo cumple, y esto sucede frecuentemente, no se necesita tener un diploma en psicología para saber que al niño le va costar trabajo creer en ellos, tener confianza en ellos y por consiguiente en las personas en general.

En los tiempos bíblicos la persona valía por lo que valía su palabra. Si se podía confiar en que una persona haría tal y como dijo, eso quería decir que esa persona era íntegra y de principios. Su palabra valía y eso le daba un gran valor a la persona.

Tristemente, esto ha cambiado. Ahora nos tenemos que asegurar que todo quede firmado para hacer valer la palabra de la persona. Hay un dicho por ahí que dice: "Las palabras se las lleva el viento", y otro: "Papelito habla".

Jesucristo dijo que tu sí sea sí y que tu no sea no. Una manera de actualizarlo sería: "cumple lo que dices y sostenlo".

> Pero sea vuestro hablar: Sí, sí; no, no; porque lo que es más de esto, de mal procede.
>
> —MATEO 5:37, RVR1960

Nuestros hijos no nos pueden hacer firmar un papel, ellos tienen que confiar en lo que les decimos. ¿Por qué te estoy diciendo todo esto? Porque es muy importante que ayudemos a nuestros hijos a tener una confianza fuerte en la palabra de sus padres y así puedan, cuando crezcan, confiar fácilmente en la Palabra de su Padre celestial.

Te pido por favor que nos detengamos a pensar por un momento.

¿Cómo sería si cada cristiano confiara plenamente en Dios? ¿Cómo sería si no dudáramos ni por un momento en lo que Dios nos dice que somos, valemos y podemos hacer? Creo que muchas veces no obtenemos todos los beneficios que el ser hijos de Dios nos da, porque no tenemos la confianza absoluta de su amor por nosotros.

Muchas veces sabemos que Dios puede hacer algo y creemos que Él es todopoderoso, pero no creemos que somos dignos de que nos responda y nos dé lo que le hemos pedido. Será que muchas veces nos falta desarrollar la confianza de un pequeño que solo confía en el amor de Dios sin pensar si lo merece o si lo tiene que merecer; simplemente lo pide y lo recibe porque su papá lo ama.

Como te decía, Dios ha sido muy paciente conmigo, hablando de cómo me ayuda a aprender a confiar. Me mostró cómo yo, sin darme cuenta, siempre estaba tratando de merecer lo que le pedía. Siempre tratando de hacer méritos para tal vez así conseguirlo. ¡Qué absurdo! ¿No crees? Tratar de ganar las respuestas a mis oraciones. Cuántas veces no pensamos: *si tan solo orara más; si tan solo ayunara más; si tan solo lograra ser más santa…*

¿Será que sin darnos cuenta seguimos tratando de comprar el favor de Dios? Por supuesto que no lo verbalizamos, pero ahí está esa idea errónea. Tenemos que aprender a confiar en su amor inalterable, inconmovible.

Él te ama, y no te va amar más hagas lo que hagas. ¡Él ya te ama! ¡Inalterablemente te ama! Eso significa que su amor por ti, no lo puede cambiar nada ni nadie.

¿Acaso hay algo que pueda separarnos del amor de Cristo? ¿Será que él ya no nos ama si tenemos problemas o aflicciones, si somos perseguidos o pasamos hambre o estamos en la miseria o en peligro o bajo amenaza de muerte? (Como dicen las Escrituras: «Por tu causa nos matan cada día; nos tratan como a ovejas en el matadero»). Claro que no, a pesar de todas estas cosas, nuestra victoria es absoluta por medio de Cristo, quien nos amó. Y estoy convencido de que nada podrá jamás separarnos del amor de Dios. Ni la muerte ni la vida, ni ángeles ni demonios, ni nuestros temores de hoy ni nuestras preocupaciones de mañana. Ni siquiera los poderes del infierno pueden separarnos del amor de Dios. Ningún poder en las alturas ni en las profundidades, de hecho, nada en toda la creación podrá jamás separarnos del amor de Dios, que está revelado en Cristo Jesús nuestro Señor.

—Romanos 8:35–39, ntv

Dios me había embarcado en esta lección—aprender a confiar que Él cuidaba de mí y de mi hijo—y esto, estaba marcando mi desarrollo...

Al escribir, los recuerdos se agolpan en mi mente; son dulces recuerdos de la protección divina sobre mi hijo.

Toda su lactancia Robi fue sostenido sin ninguna complicación. Recuerdo que en una ocasión yo ya había terminado los deberes en la casa y tenía la comida lista. Pero faltaban como dos horas para que regresara mi marido a comer. Robi estaba durmiendo y yo estaba aburrida. Así que me puse los patines y empecé a patinar de la sala al comedor y del comedor a la sala. ¿Suena gracioso? En mi defensa tengo que decir que ¡me casé muy joven!

Y ahí estaba yo muy emocionada patinando en la comodidad de mi hogar cuando escuché un sonido fuertísimo que venía de la planta de arriba, seguido por el llanto histérico de mi bebé. Desesperada traté de quitarme los patines, y como no podía por los nervios, subí a gatas mientras seguía intentando deshacerme de los patines. Finalmente llegué a su cuarto y estaba ahí en el suelo tirado. ¡Se había caído de la cuna! Inmediatamente lo abracé, lo besé y me puse a orar por él. Recuerdo que le pedí al Señor que no permitiera que le pasara nada; estaba realmente espantada. Como te comentaba, en momentos así era cuando las experiencias vividas con mi hermano me llegaban a torturar. Mi hermano por un golpe así hubiera estado mínimo una semana internado.

Gracias a Dios a mi hijo no le pasó nada. No era que tuviéramos una gran fe; éramos unos ignorantes en cuanto a cómo tratarlo. No sabíamos qué hacer. Puedo ver que fue la bondad de Dios la que lo guardó ese día y nos fue guiando cada paso que dábamos para aprender lo referente a la hemofilia. Tuvimos que informarnos sobre todo lo relacionado a esta enfermedad. El mismo pediatra nos dijo: "Ustedes van a ser los que más conozcan acerca de este tema y sobre esta condición".

En esos años descubrimos con tristeza y pánico la ignorancia médica y la falta de recursos en México en cuanto al tratamiento de la hemofilia.

Además de tener hemofilia, Robi nació con estrabismo (ojo perezoso). Tenía año y medio cuando empezamos a buscar la opinión de los médicos sobre qué tratamientos había. Lo más accesible fue ir a ver a uno de los médicos del seguro social que era hematólogo de mi hermano. Fue una experiencia muy desagradable. El doctor nos dijo que "ni le moviéramos", que mejor se quedara así a que arriesgáramos su vida. Yo salí muy molesta y le dije a mi esposo: "Ese doctor es un baboso" (con perdón del lector, pero sí que lo era).

Alrededor de esas fechas, ya habíamos hecho contacto con un hospital en San Antonio, Texas, que tenía un departamento de hematología muy bueno y sacamos una cita para que revisaran a nuestro hijo.

Unos amigos conocían un lugar a 20 minutos del hospital en donde nos podíamos quedar; era un lugar de retiro para pastores. Y como ellos iban a hacer su viaje de cada año, nos ofrecieron irnos juntos. Así que Dios proveyó los medios.

A finales de noviembre viajamos Roberto y yo a San Antonio para que revisaran a nuestro hijo.

El hematólogo era un hombre muy agradable y cordial. Le hicieron pruebas a Robi; le sacaron sangre y nos empezaron a "capacitar". Nos dieron mucha información, libros y revistas para que aprendiéramos sobre la hemofilia y cómo tratar a nuestro hijo. El doctor nos dijo que aprenderíamos más sobre la condición de nuestro hijo que cualquier otra persona.

Ese mismo doctor nos dio el nombre y el teléfono de un oftalmólogo que trabajaba en la Ciudad de México y que él conocía, pues habían hecho algunas prácticas juntos. Y nos lo recomendó para que revisara los ojos de mi hijo. Finalmente, el oftalmólogo nos recibió para revisar a Robi. Desde la primera revisión apodó a Robi "el tigre", porque mi pequeño se defendía con uñas y dientes. Todo era nuevo para él y aunque le trababa de explicar, era muy pequeño para entender y cooperar. Así que las enfermeras y el doctor se quedaron con algunos rasguños, patadas y mordidas ese día. Y estoy segura que medio hospital se quedó "sordo" por un par de horas, porque mi hijo tenía unos pulmones, que ¡ay, Dios mío! Plácido Domingo le quedaba corto. Cuando se trataba de hacer valer sus derechos, Robi sabía cómo hacer oír su voz. Ahora que lo escribo me causa risa recodar esas experiencias, pero en ese momento no eran nada agradables.

El médico nos dijo que era algo relativamente sencillo, si no fuera por la hemofilia. El hematólogo y el oftalmólogo tuvieron que hablar para poder decidir cuál sería el procedimiento. Finalmente nos dijeron que necesitábamos conseguir 90 donadores de nuestra confianza para poder llevar a cabo la cirugía. El corazón se nos fue al piso al escuchar la cantidad de donadores que se requerían. Tenía poco que se había dado a conocer el peligro del VIH. No se sabía a ciencia cierta cómo se debía tratar; había mucho desconocimiento de la enfermedad, lo cual causaba bastante temor.

En aquel tiempo, la hemofilia se trataba con críos precipitados (un derivado que se obtiene del plasma para obtener la proteína coagulante) y se acostumbraba pagarles a los donadores algo de dinero y darles desayuno. La mayoría de las personas que iban a donar eran alcohólicas, callejeras y prostitutas. El contagio fue inevitable. Mi hermano y todos sus amigos que había conocido en el Centro Médico, habían sido contagiados con VIH. Fue un golpe muy duro para las familias. La ciencia parecía no tener respuestas claras y concretas en esas fechas, aun los médicos que deberían ser los expertos, actuaban desconcertados al estar cerca de un enfermo con sida.

Así que cuando el médico nos informó que necesitábamos noventa donadores para nuestro hijo, estábamos preocupados. ¿Cómo conseguiríamos noventa personas confiables para poner de su sangre en nuestro hijo?

El doctor, al ver nuestra preocupación, nos mencionó que conocía a una mujer que tenía un hijo con hemofilia y que ella estaba al frente de la sociedad de padres de hijos con hemofilia en el hospital.

Nos dio su teléfono e hicimos una cita con ella para poder verla y platicar. Dios usó a esta mujer para proveernos el concentrado de factor VIII. Este medicamento era lo más avanzado que había en ese tiempo. El nivel de peligro de algún contagio se reducía a uno por ciento. Dios nos proveyó medicina de primer mundo para nuestro hijo, y Robi nunca tuvo que usar los críos precipitados.

Desde ese día, Dios se ha encargado de proveerle la mejor atención médica y tratamiento; no sin sus luchas, pero Dios fue, es y siempre será nuestro proveedor. Su nombre es "el SEÑOR provee" (Génesis 22:14, NVI).

Unos hermosos amigos nos abrieron las puertas de su casa en la Ciudad de México. Yo me había hospedado con ellos cuando era una adolescente y me había encariñado mucho con la señora Raquel Barrientos. Mi esposo por su lado conocía a los hijos de Don Eduardo y Mamá Raquel (que fue como me pidió que la llamara, y fue lo más natural para mí hacerlo, pues tenía un corazón enorme Mamá Raquel). Ahora los dos ya están con el Señor, pero siempre los recuerdo con mucho cariño. Bendijeron mi vida y a mi familia en momentos claves.

Llegó el día de la intervención. Mi corazón estaba aferrado a la mano de Dios, pero tenía un nudo en el estómago. Llegamos al hospital, y mientras lo preparaban nos permitieron estar con Robi hasta que llegó el momento de meterlo al quirófano. Lo abracé con todas mis fuerzas, lo besé lo más que pude y le susurré que todo iba a estar bien. Pero qué sensación tan horrible cuando te ves obligado a separarte de tu hijo sobre todo en una situación así. Nos quedamos parados en la puerta Roberto y yo hasta que lo perdimos de vista y después nos abrazamos, sin decir nada, pero con una oración al unísono por nuestro hijo.

Pasó una hora más o menos y de repente vimos al doctor salir del quirófano para revisar algo. Y al vernos nos dijo: "Ya casi comienzo la cirugía, solo estoy esperando que termine de pasar el concentrado de factor VIII por el suero". Inmediatamente Roberto, mi esposo, le explicó al doctor que el concentrado de factor VIII no tenía que disolverse en el suero, pues se ponía directamente en la vena para poder subir los niveles de coagulación. Disuelto en el suero no haría efecto y nuestro hijo corría el peligro de una hemorragia crítica. El doctor ya no tenía que haber salido del quirófano, pero Dios soberanamente hizo que nos percatáramos de que el medicamento estaba siendo aplicado en una forma incorrecta. El doctor regresó inmediatamente al quirófano para corregir el tremendo error, que gracias a Dios fue parado a tiempo. ¡Dios guardó la vida de nuestro hijo!

La cirugía duró aproximadamente dos horas y fue un éxito. Mi hijo estuvo cinco días internado.

Estas palabras las escribí mientras cuidaba de él en el hospital:

Mi querido Robertito:

Estoy ahora aquí sentada cerca de ti. Tú estás dormidito con una cara preciosa y claro que tienes la boquita abierta. Son las cuatro cuarenta y cinco. Estoy contenta, pues parece que en unas horas saldrás del hospital. Entraste al hospital del I.N.P. el 14 de mayo de 1991. Fuiste operado como a las 2:00 p. m. y saliste de la sala de recuperación a las 5:30 p. m. La cirugía fue un éxito; eso fue lo que dijeron los médicos. Pero nosotros sabemos que el único digno de llevarse toda la gloria es Jesús.

Tu recuperación ha sido magnífica y quiero escribirte sobre el milagro tan grande que Dios hizo con los concentrados que por estos días es algo sumamente caro. Dios nos dio lo suficiente para completar las ampolletas para tu operación y más de lo que necesitamos. Cada ampolleta cuesta $500 dólares y tú necesitaste siete para la cirugía. ¡Imagínate de dónde íbamos a sacar ese dinero! Pero Dios nos suplió; ¡fue un milagro! ¡A Él sea toda la gloria!

Contamos con siete ampolletas para llevarnos a casa. Pero quiero declarar que no las vas a necesitar nunca. Mi niño, sé que Dios te ha sanado. Hoy lo declaro, esa es nuestra fe; pues tenemos un Dios todopoderoso. Hoy saldrás del hospital primero Dios y espero podamos volver a nuestra casa; y quiero verte mi amor travieso, brincando, saltando y jugando, dándole la gloria a Dios en cada una de tus respiraciones, de tus acciones, en todo tú. Mi niño, eres un niño apartado para Dios, tu papá y yo te hemos consagrado a Él, pues vemos en ti un llamado, una gracia especial de Dios. Me falta mucho por aprender Robertito y sé que todavía cometo errores muy grandes, pero la gracia y el amor me sostienen. Qué verdad más grande; y sé que el que comenzó su obra buena en mí, en ti y en tu papá será fiel para cumplirla y es fiel en cumplirla.

Lo amo y te amo. Jesús es el único que nos mantiene, nos ayuda y nos ama. Eso sé, nos ama. Nunca lo olvides.

¡Te amo!

Mamá

Esa fue la primera vez que le escribí a mi hijo. Quería que él pudiera leer alguna vez de qué manera Dios lo protegió, lo mucho que lo amaba y lo segura que estaba de que Dios tenía su vida en sus manos.

Mi confianza en Dios había sido puesta a prueba. Él no me dejó ni un segundo, y aun en medio de mis dudas y temores su amor y su fidelidad me sostuvieron. Me mostró que yo podía confiar en Él, que si Él decía algo, Él lo haría. Mi hambre por descubrir todo lo que decía en su Palabra incrementó. Me di cuenta de que tenía que conocer qué decía para poder vivir en paz. Estaba comenzando una nueva etapa en mi caminar con Dios. Pero ahora tenía la certeza de que su Palabra era firme y no regresaba vacía.

Mi corazón encontró un ancla desde donde hacer crecer mi confianza: ¡su Palabra!

...alabo tu nombre por tu amor inagotable y tu fidelidad, porque tus promesas están respaldadas por todo el honor de tu nombre.

—Salmo 138:2, ntv

La Biblia está viva; me habla a mí. Tiene pies; corre detrás de mí. Tiene manos; se aferra a mí.

—Martín Lutero[1]

Me aferro a su mano...

Cierro los ojos y aún siento su mano, pero el tiempo ha pasado y nuestro amor ha madurado.

Ahora conozco cada una de las líneas de su mano, y esa cicatriz que me roza cuando aprieta mi mano.

Es tan mía como suya, pues me he refugiado en ella tantas veces.

Tantas veces que ya perdí la cuenta. Es tan mía como suya, porque cada vez que caigo me extiende su mano.

Me aferro a ella, pues ahí está esa cicatriz que me recuerda cuanto me ama.

Es tan mía como suya, porque así lo quiso Él.

Hallo gracia, perdón y amor cada vez que me aferro a su mano.

Claudia Cedillo de Torres

Capítulo 3

ROMPIMIENTO DE MALDICIONES

COMO MENCIONÉ ANTERIORMENTE, conocí a Jesucristo y al poco tiempo me casé y, poco después, Roberto y yo tuvimos a nuestro primogénito Roberto Torres Cedillo. No solo estaba muy joven cronológicamente, sino también espiritualmente. En mi nueva relación con el Señor Jesús, todo era nuevo para mí y tenía hambre por saber más de Dios y de su Palabra.

Creía al cien por cien todo lo que la Palabra de Dios me iba revelando. Cada promesa que iba descubriendo la hacía mía y la creía para mí, para nosotros.

Así que en medio de esta situación inesperada que estábamos viviendo me comencé a preguntar: ¿Qué debíamos hacer para obtener la sanidad de Robi? ¿Qué no hicimos bien para que la maldición no se hubiera roto?

Fueron muchas cosas las que trataron de desanimarme y robarme la fe del Dios que estaba empezando a conocer. Pero había sido tan real mi encuentro, había encontrado la paz que tanto había buscado desde niña, había encontrado al amante de mi alma y ¿a dónde más podría ir yo? Jesús, mi Salvador, me había prometido que yo era ahora una nueva criatura, que las cosas viejas habían pasado que TODAS serían hechas nuevas. *¿Entonces?* —me preguntaba—, *¿qué* *pasó?* Bueno, me había permitido conocerlo como mi Salvador, mi Redentor. Había sido salva al entregarle mi vida y corazón, reconociendo lo mucho que lo necesitaba. Dios realmente me había "consentido" si lo puedo decir así, pero en realidad no era otra cosa que su gran misericordia rodeándome los primeros años de mi caminar con Él; su gracia y su favor me habían arropado de tal manera que era evidente su gran amor por mí. Él tuvo tanto cuidado de mí, al dar mis primeros pasos en esta nueva aventura de amor con Él, que tendría que escribir otro libro completo para poder compartir contigo cada detalle, cada momento donde su amor y gracia me encontraron. Tal como sucede en lo natural, así es en lo espiritual; como un bebé tiene que crecer y aprender a caminar por sí solo, también nosotros. Hay un tiempo cuando los cuidas, mimas y no pueden hacer nada por ellos mismos. Pero no sería lindo si cumplieran dos años y siguieran igual, haciendo lo mismo que cuando tenían un mes de vida, ¿verdad? Sería de hecho bastante alarmante. Uno como padre tiene que estar pendiente de que poco a poco sean capaces de sentarse, de pararse, y, después, de dar sus primeros pasos. En la misma manera, yo sabía que había llegado el tiempo de crecer, de dar pequeños pasos a la madurez. Y qué mejor situación para "obligarme" o para sacarme de mi zona de comodidad, con el fin de crecer, que la condición con la que había nacido mi hijo.

Era tiempo de intencionalmente romper con cosas del pasado, pedir perdón y renunciar a algunas maneras incorrectas de hacer las cosas; formas de actuar que la Biblia claramente menciona como pecado. ¡Era tiempo de crecer!

Había cosas que se habían hecho en mi hogar que no

eran conforme a la Palabra de Dios y en vez de ayudarnos se le había abierto la puerta al enemigo de Dios. Te platicaré, pero antes tengo que afirmar que al comentar sobre mis padres y mi pasado lo hago con mucho amor y respeto hacia ellos, pues son sobrevivientes. Yo sé que los dos nos amaron y lloraron sus errores; yo sé ahora siendo madre, ¡cómo son amargas las lágrimas cuando le fallamos a los hijos! Uno quiere darles más y cuando no se puede, la desesperanza envuelve el corazón, ahogando los esfuerzos humanos sin Dios. No compartiré esto criticándolos sino unida a ellos, pues somos sobrevivientes de la tempestad más cruel: la de una vida lejos de Dios. Pero, ¡Él nos encontró!

Habiendo dejado esto claro, compartiré contigo un pedazo de mi corazón.

Mis padres se casaron muy jóvenes. Mi papá era gerente de una empresa y mi mamá era secretaria. Se conocieron en donde trabajaban; se enamoraron y pensaron que la vida por fin les sonreía. Yo soy la primogénita y la única mujer en la familia. Según me contaba mi mamá, mi papá siempre quiso, desde que mi madre se embarazó, una mujercita. Así que cuando nací, mi papá estaba feliz; yo era su pequeña princesa y él era todo para mí. Tres años después nació mi hermano Alberto, el niño más hermoso que te puedas imaginar. Realmente era un bebé precioso. A los tres meses que nació, le encontraron un moretón en su estómago y me regañaron pensando que yo lo había mordido. Me hubiera gustado que así hubiera sido y no que descubrieran que mi hermano Alberto había nacido con hemofilia. Cuando los médicos les dieron la noticia, ellos no sabían qué era esa enfermedad. Nunca la habían escuchado. Les explicaron que era una condición hereditaria.

31

Los hombres padecen la enfermedad, las mujeres son las portadoras. Pero no había registro ni del lado de mi papá, ni del de mi mamá de algún familiar con hemofilia. La noticia fue devastadora para mis padres.

Tenían una religión pero no tenían la noción del amor y cercanía de Dios que los podría haber ayudado en ese momento. Así que no tuvieron donde refugiarse más que en lo que ellos conocían.

Mi padre se refugió en el alcohol y en los brazos de otra mujer. Mi madre volcó todo su amor en mi hermano y su enojo lo dirigió contra mí la mayor parte del tiempo.

Mis padres siguieron casados por algunos años pero fue muy triste, los dos se echaban la culpa entre ellos, pero curiosamente cada uno se sentía culpable de la condición de mi hermano.

La mujer con la que mi padre anduvo practicaba la brujería. Esta persona trató de hacernos mucho daño y de separarnos de mi papá por todos los medios. Así que yo crecí llena de temores y expuesta a una opresión demoniaca.

Enfrente de mi casa vivía una señora de Michoacán que practicaba la "brujería blanca" y cada vez que la amante de mi papá nos hacía algo, los objetos se movían, los cuadros se caían, aparecían pájaros negros muertos en nuestro patio rellenos de no sé qué. Mi mamá corría con esta vecina para contrarrestar su brujería. Ahora sé que no hay tal cosa como brujería blanca y negra, toda la brujería es una alianza-manipulación con el reino de las tinieblas; es demoniaca.

No os volváis a los médium ni a los espiritistas, ni los busquéis para ser contaminados por ellos. Yo soy el SEÑOR vuestro Dios.

—LEVÍTICO 19:31, LBLA

Mis padres llevaron un sinfín de veces a mi hermano con curanderos, tratando de ayudarlo. Una tía de parte de mi mamá entraba en trance y otra tía de parte de mi papá era una experta en el manejo de la tabla güija. Así que así crecimos; no éramos religiosos y aceptábamos cualquier sugerencia. Tanto le sobábamos la panza al Buda como le rezábamos a San Judas Tadeo. Vivíamos en una completa ignorancia.

Pero así como dice la Escritura: "Donde abundó el pecado, sobreabundó la gracia" (Romanos 5:20, NVI).

Las circunstancias que me tocaron vivir me hicieron volcar mi corazón a Jesucristo. Infinidad de veces recuerdo haberme quedado dormida pidiéndole a Dios que mis padres no se pelearan esa noche, tantas veces le pedí que nos ayudara. Yo no sabía que Él me estaba escuchando; no sabía que cada plegaria que hice siendo una pequeñita Dios la estaba escuchando, pero en verdad, ¡Él nos escucha cuando clamamos a Él!

Después de haber conocido a Jesucristo como mi Señor y Salvador, Él me recordó un sueño que tuve de niña. Soñé con Él. En mi sueño, recuerdo que estaba en el patio de atrás de mi casa y de repente aparecía una luz muy, pero muy, brillante que llenaba todo el patio con su esplendor, y yo caía al suelo y tenía mucho temor. Quería alzar mi rostro y ver qué era eso tan brillante, pero era imposible por la intensidad de la luz, entonces alcancé a ver unas sandalias y escuché una voz que me decía: "No temas". Ese es un sueño que recuerdo como si lo hubiera tenido ayer. Él estaba cuidando de mí, a pesar de todo, Dios tenía sus ojos puestos sobre mí y mi familia.

Al conocer más a Dios y su Palabra yo supe que tenía que cortar con todo lo relacionado con el mundo de las tinieblas y renunciar a ello. Y aunque no participé voluntariamente en ninguna de esas "limpias" y consultas de la "brujería blanca", yo entendí que tenía que arrepentirme, y pedirle perdón a Dios.

> Cuando entres en la tierra que el Señor tu Dios te da, no aprenderás a hacer las cosas abominables de esas naciones. No sea hallado en ti nadie que haga pasar a su hijo o a su hija por el fuego, ni quien practique adivinación, ni hechicería, o sea agorero, o hechicero, o encantador, o médium, o espiritista, ni quien consulte a los muertos. Porque cualquiera que hace estas cosas es abominable al Señor; y por causa de estas abominaciones el Señor tu Dios expulsará a esas naciones de delante de ti.
>
> —Deuteronomio 18:9–12, lbla

Mi familia y yo habíamos hecho cosas abominables para el Señor, por ignorancia, pero lo habíamos hecho.

Tenía ahora que establecer el reino de Jesucristo en mi vida y mi familia.

Mi esposo y yo cortamos con toda alianza consciente o inconsciente con el reino de las tinieblas y renunciamos a ellas. Pedimos perdón y nos arrepentimos sinceramente.

Te quiero compartir algo clave y muy importante que el Señor nos mostró a mi esposo y a mí.

Ya que le has pedido perdón al Señor y te has arrepentido, y cortado con las cosas de tu pasado que ofendieron a Dios y le dieron un lugar al diablo, debes renunciar al lugar que le diste al diablo en tu vida. Efesios 4:22–27 [LBLA] nos muestra que se le da lugar al diablo con cualquier acción carnal: "Que en cuanto a vuestra anterior manera de vivir, os despojéis del viejo hombre, que se corrompe según los deseos engañosos, y que seáis renovados en el espíritu de vuestra mente, y os vistáis del nuevo hombre, el cual, en la semejanza de Dios, ha sido creado en la justicia y santidad de la verdad. Por tanto, dejando a un lado la falsedad, hablad verdad cada cual con su prójimo, porque somos miembros los unos de los otros. Airaos, pero no pequéis; no se ponga el sol sobre vuestro enojo, ni deis oportunidad al diablo". Y también tienes que creer que ha sido hecho y vivir bajo la sangre del pacto. No hay nada que pueda traspasar la protección de la sangre de Jesucristo.

> Sabiendo que no fuisteis redimidos de vuestra vana manera de vivir heredada de vuestros padres con cosas perecederas como oro o plata, sino con sangre preciosa, como de un cordero sin tacha y sin mancha, la sangre de Cristo. Porque Él estaba preparado desde antes de la fundación del mundo, pero se ha manifestado en estos últimos tiempos por amor a vosotros que por medio de Él sois creyentes en Dios, que le resucitó de entre los muertos y le dio gloria, de manera que vuestra fe y esperanza sean en Dios.
> —1 PEDRO 1:18–19, LBLA

Te quiero compartir una de la revelaciones más profundas que tuve, la cual cambió mi perspectiva en mi vida cristiana, en mi oración, en la guerra espiritual y en mi relación con Dios.

Fue muy importante para mí entender esto, pues cada vez que venía un orador y ministraba sobre cortar las maldiciones del pasado, nosotros lo hacíamos. El problema era que después de hacerlo, si Robi se nos ponía mal—y créeme que la mayoría de las veces, después de que habían orado por él, venía un ataque sobre su vida y se me ponía muy mal—, entonces dudábamos y pensábamos que no había sido suficiente lo que habíamos hecho. Que no habíamos renunciado bien, o que nos faltó fe o que no estábamos entendiendo.

Me encontraba en esa búsqueda, y en una ocasión le pregunté a uno de los oradores invitados que tenía mucha experiencia en la guerra espiritual: —¿Cuántas veces tengo que cortar las maldiciones de mi pasado?

Y él me respondió: —Si has orado y creído, solo tienes que saber que ahora vives bajo la sangre.

Trazó una línea en el suelo y me preguntó: —¿De qué lado estás? ¿Del lado de la sangre del Cordero o del lado de la maldición?

Por supuesto que contesté que del lado de la sangre.

Entonces me dijo: —Ya te arrepentiste, ya pediste perdón, ya creíste que Él perdonó tus pecados y que triunfó sobre el enemigo en la cruz. Tienes que creerlo, ya no hay nada más que hacer.

Y a vosotros, estando muertos en pecados y en
la incircuncisión de vuestra carne, os dio vida

juntamente con él, perdonándoos todos los pecados, anulando el acta de los decretos que había contra nosotros, que nos era contraria, quitándola de en medio y clavándola en la cruz, y despojando a los principados y a las potestades, los exhibió públicamente, triunfando sobre ellos en la cruz.

—Colosenses 2:13–15, rvr1960

En Él tenemos redención mediante su sangre, el perdón de nuestros pecados según las riquezas de su gracia.

—Efesios 1:7, lbla

Tienes que creer que fue hecho y ahora vives bajo su sangre y su sangre es más que suficiente para romper cualquier maldición. ¡Tienes que mantenerte ahí y creerlo!

Y de Jesucristo, el testigo fiel, el primogénito de los muertos y el soberano de los reyes de la tierra. Al que nos ama y nos libertó de nuestros pecados con su sangre.

—Apocalipsis 1:5, lbla

Y cantaban un cántico nuevo, diciendo: Digno eres de tomar el libro y de abrir sus sellos, porque tú fuiste inmolado, y con tu sangre compraste para Dios a gente de toda tribu, lengua, pueblo y nación.

—Apocalipsis 5:9, lbla

A partir de ese momento le creímos y descansamos en el hecho de que Él dijo: "Consumado es".

Entonces Jesús, cuando hubo tomado el vinagre, dijo: ¡Consumado es! E inclinando la cabeza, entregó el espíritu.

—JUAN 19:30, LBLA

Y abrazamos esta verdad: que Cristo cargó con nuestros pecados en la cruz y pagó con su sangre la deuda que ocasionaron. Al poner nuestra fe en su muerte expiatoria, nuestros pecados son perdonados. El "acta de decretos" era la Ley del antiguo pacto que nos condenaba justamente; ahora no estamos bajo la Ley sino bajo la gracia.

Porque el pecado no se enseñoreará de vosotros; pues no estáis bajo la ley, sino bajo la gracia.

—ROMANOS 6:14

Nuestra victoria fue provista por Cristo. Es la sangre del nuevo pacto que por nosotros fue derramada.

Porque esto es mi sangre del nuevo pacto, que por muchos es derramada para remisión de los pecados.

—MATEO 26:28

Es verdad, hay un tiempo para romper y cortar con esas maldiciones, pero hay un tiempo para aceptar y vivir bajo su sangre, confiando en su poder y cuidado.

Y el Dios de paz, que resucitó de entre los muertos a Jesús nuestro Señor, el gran Pastor de las ovejas mediante la sangre del pacto eterno, os haga aptos en toda obra buena para hacer su voluntad, obrando Él en nosotros lo que es agradable delante de Él mediante

Jesucristo, a quien sea la gloria por los siglos de los
siglos. Amén.

—HEBREOS 13:20-23, LBLA

Eso produjo un gran cambio en nuestros corazones, en
especial en el mío.

Cuando pidas algo cree que te ha sido hecho como pediste y así será.

Por eso os digo que todas las cosas por las que oréis
y pidáis, creed que ya las habéis recibido, y os serán
concedidas.

—MARCOS 11:24, LBLA

La revelación que tuve en mi "hombre interior" desató
poder en mi hombre natural. Mi mente abrazó esta verdad,
la creí y, desde ese día, tomé la decisión de confesar y creer
que mi familia y yo estamos viviendo bajo la sangre del
Cordero de Dios. Y eso hizo la diferencia. Cuando llegaban
oradores invitados con una unción especial en sanidad, ya
no corríamos para que oraran por nuestro hijo. Nos rego-
cijábamos en lo que Dios había hecho y nos gozábamos de
ver la mano de Dios tocando otras vidas.

Algo pasó en mi corazón, ahora que ha pasado el tiempo
me doy cuenta de que mucho era "hacer algo" o "tener que
hacer algo" para "lograr" la sanidad de mi hijo. Y Dios,
nuestro Padre celestial no nos trata así, Él se complace en
dar buenas dádivas a sus hijos.

Pues si vosotros, siendo malos, sabéis dar buenas
dádivas a vuestros hijos, ¿cuánto más vuestro Padre

que está en los cielos dará cosas buenas a los que le piden?

—MATEO 7:11, LBLA

No porque lo merecemos, sino porque nos ama. A veces es difícil aceptar esta verdad, pues en este mundo, por lo general, no estamos acostumbrados a recibir sin que nos pidan algo a cambio. Pero permíteme compartirte en un resumen lo que aprendí. Dios te ama. Él quiere bendecirte. No tienes que ganártelo. No tienes que tratar de impresionarlo. Dios no te va a amar más, hagas lo que hagas, pues ya te ama con amor eterno. Ya dio su muestra máxima de amor, a su Hijo justo y santo, por ti. No hay maldición que su nombre y el poder de su sangre no puedan romper. Has sido comprado a precio de sangre... ¡Y ahí estás seguro!

Te comparto unas escrituras. Medita en ellas. Como ya te comenté ahí esta nuestra fuerza y refugio...

> Pues por precio habéis sido comprados; por tanto, glorificad a Dios en vuestro cuerpo y en vuestro espíritu, los cuales son de Dios.
>
> —1 CORINTIOS 6:20, LBLA

> Pues Dios los ha rescatado a ustedes de la vida sin sentido que heredaron de sus antepasados; y ustedes saben muy bien que el costo de este rescate no se pagó con cosas corruptibles, como el oro o la plata, sino con la sangre preciosa de Cristo, que fue ofrecido en sacrificio como un cordero sin defecto ni mancha.
>
> —1 PEDRO 1:18–19, DHH

Con mucha más razón, habiendo sido ya justificados en su sangre, por él seremos salvos de la ira.

—ROMANOS 5:9

Tomarán luego la sangre del animal y la untarán por todo el marco de la puerta de la casa donde coman el animal [...] Esa noche yo pasaré por todo Egipto, y heriré de muerte al hijo mayor de cada familia egipcia y a las primeras crías de sus animales, y dictaré sentencia contra todos los dioses de Egipto. Yo, el Señor, lo he dicho. La sangre les servirá para que ustedes señalen las casas donde se encuentren. Y así, cuando yo hiera de muerte a los egipcios, ninguno de ustedes morirá, pues veré la sangre y pasaré de largo.

—ÉXODO 12:7, 12–13, DHH

Hospital

No me gustan los hospitales.

Sé que la razón por la que existen es para ayudar, curar y sanar. Pero hoy que paseaba por los corredores fríos con olor a desinfectante y guantes de látex, sentí un cierto tipo de nausea nostálgica.

¿Te has fijado alguna vez en los rostros de las personas en la sala de espera para tratamiento de cáncer? Casi se puede ver una nube pesada y opresiva de temor, derrota, dolor y desesperación.

Yo simplemente iba a mi revisión anual, pero no pude dejar de percibir la atmósfera cargada de emociones; sueños repentinamente frenados y planes deshechos ante el umbral del enemigo infame de la humanidad: la mortalidad.

Mi alma se turbó y aunque no recibí ninguna mala noticia, sé que en algún otro cuarto de espera alguien probablemente recibió una noticia desalentadora.

Y es en estos momentos que mi corazón clama a Jesús y le dice a través de las lágrimas: "Señor, anhelo ver tu mano milagrosa, tu poder sanando estas vidas. Siento que la atmósfera espiritual de este lugar se burla descaradamente de tu nombre".

El Señor comenzó a susurrarme, y sentí que me dijo: "Hijo, donde tú vas, mi presencia va. Dondequiera que pisas estás declarando la venida de mi Reino; tú estás recordándole a todo a tu alrededor que la muerte ya fue vencida, que la tumba está vacía y que el mal enfermizo no tendrá la última palabra".

Así que ahora recuerda: Jesús sigue sanando y haciendo milagros hoy. Y para aquellos que no han visto ese milagro o lo están buscando, nunca olvides que el milagro más grande que puedes recibir ya lo tienes al poner tu fe en Jesucristo; el milagro de su presencia ahora, y la promesa de una eternidad donde el dolor y la enfermedad no existen más.

Roberto Torres Cedillo

Capítulo 4

UNA ESPERANZA
QUE ATORMENTA

HABÍA LEÍDO UN libro de una mujer llamada Kathryn Kuhlman a quien Dios usó poderosamente en cruzadas haciendo sanidades y milagros a través de su vida. Aprendí mucho al leer ese libro y ver la mano de Dios en cada testimonio ahí relatado, y, sobre todo, en la vida de esta mujer usada por Dios. Desde el primer momento que le entregué mi vida y corazón a Jesucristo supe que para Él no había nada imposible. Había escuchado de muchos milagros de gente que yo conocía, y también leído sobre otros muchos. Pensé que era tiempo que nosotros recibiéramos el nuestro; nuestro milagro. Escuchamos de un hombre que Dios estaba usando mucho. Sabíamos que estaba causando un poco de controversia, pero Dios lo estaba usando. Hacía cosas un poco extrañas para nosotros, pero oramos y sentimos paz al respecto; así que volamos a la ciudad de Houston en los Estados Unidos para poder ir a una cruzada de sanidad con Benny Hinn. La alabanza fue majestuosa y la presencia de Dios estaba ahí. Mucha gente fue sanada y lo podías ver pues gente en sillas de ruedas se paraba, o gente con tanques de oxígeno que no podían dar ni un paso sin fatigarse se los quitaban y comenzaban a danzar dándole gracias a Dios. Pero lo que mi hijo necesitaba no se podría ver exteriormente si Dios lo tocaba. Así que tendría que creer que Dios lo haría y esperar a que los moretones y sangrados pararan.

El 14 de abril escribí:

Mi amado Robertito, ayer llegamos de Houston y todo fue de gran bendición. Dios fue el que nos abrió las puertas y nos permitió ir con un propósito. El 9 de abril fuimos a la cruzada de sanidades buscando el toque de Dios para tu vida. En realidad estuvimos con demasiada expectación, pero como no le pedimos a Dios de una manera específica cómo queríamos que fuera, el Señor lo hizo a su manera. Yo no lo quise limitar al decirle cómo o qué hacer, pues Él lo sabe todo y es soberano. Aunque no pasó nada, tu papá y yo dijimos que a partir de ese día, Él y nosotros sabríamos y declararíamos que estás sano. No entiendo qué más va a pasar y cómo nos va a ir guiando el Señor, pero una cosa sé, estás sano. Gloria a Dios.

Lo que escribí en el diario fue una lucha continua por varios años. Por un lado creía que Dios era capaz de hacer todavía los milagros que Jesús hizo en la Biblia porque: "Jesucristo es el mismo ayer, y hoy, y por los siglos" (Hebreos 13:8, RVR1960).

Así que yo lo creía; pero por otro lado no sabía cómo responder a las preguntas que se levantaban en mi mente, aquellas preguntas para las cuales no tenía una respuesta. Así que, como puedes ver en las líneas que escribí en el diario, trataba de encontrar alguna justificación al tiempo de espera por el que estábamos atravesando, usando frases como: "Íbamos con demasiada expectación"; "Como no le pedimos de una manera específica"; "No pasó nada".

Y volvían los sangrados, las inflamaciones, el dolor y sabía que tendría que seguir esperando con paciencia creyendo que Él lo haría.

Y era una lucha de todos los días. Ya estaba segura que cualquier maldición había sido rota por el poder de la sangre de Jesucristo. Pero esperaba ver la respuesta palpable de la sanidad de mi hijo.

Había una escritura que me llamaba mucho la atención: "La esperanza que demora es tormento del corazón" (Proverbios 13:12, RVR1960). Y recuerdo que pensaba: "Qué cierto es eso, pero ¿cómo hago para mantener mi esperanza sin que se convierta en un tormento?".

En el *Diccionario de la lengua española* la "esperanza" es descrita como: "Estado de ánimo que surge cuando se presenta como alcanzable lo que se desea".

La esperanza es descrita en la Palabra de Dios como la espera de algo que no se ve, pero que ha sido prometido.

> Porque en esperanza hemos sido salvos, pero la esperanza que se ve no es esperanza, pues, ¿por qué esperar lo que uno ve? Pero si esperamos lo que no vemos, con paciencia lo aguardamos.
>
> —ROMANOS 8:24–25

Esta fue una escritura clave que me hizo entender que mi esperanza no podía estar en la manifestación de la sanidad de mi hijo, ni en la respuesta esperada, sino solamente en Dios. En 1 Pedro 1:21b dice: "...de manera que vuestra fe y esperanza sean en Dios". Tu fe y esperanza tienen que ser en Dios.

La fe te da el elemento de la paciencia, pues tienes la certeza de aquello que aguardas.

La esperanza sin fe se convierte en tormento. La fe y la esperanza van de la mano, unidas con la revelación del amor del Padre.

En 1 Timoteo 1:1b dice que nuestro Señor Jesucristo mismo es "nuestra esperanza" y en Colosenses 1:27 dice que Cristo en mí es "la esperanza de gloria".

Entendí que tenía puesta mi esperanza en la sanidad de mi hijo y que esa espera se estaba convirtiendo en un tormento. Sin darme cuenta mi enfoque estaba solo en la respuesta y había apartado mi vista de mi verdadera esperanza: Jesucristo.

En ese momento, Dios me habló y me hizo una pregunta: "¿Te conformas con el que te hizo la promesa?". Yo no entendía a qué se refería, o tal vez no quería entender, pues no me gustaba mucho para dónde iba. Y así, como solo nos puede hablar Dios, me volvió a decir: "Si nunca llega la respuesta que estás esperando, si no sano a tu hijo aquí en la tierra, ¿te soy Yo suficiente?". Y volvió a preguntarme: "¿Te conformas con el que te hizo la promesa?". Me quedé unos momentos callada y se me hizo un nudo en la garganta. Y seré muy sincera contigo, no me fue nada fácil contestar; me costó trabajo, mucho trabajo. Pero finalmente le respondí: "Sí, Señor, me conformo con el que me hizo la promesa. Tú eres más que suficiente para mí; eres más que suficiente para mi hijo".

Y después de que se lo dije, vino una paz a mi corazón y una certeza que Él era mi mejor elección.

Ese día aprendí algunas cosas claves que te pueden ayudar cuando estás pasando por un tiempo de espera.

- **Rendirse y soltarse en sus brazos de amor.** Tener un corazón rendido a Dios sabiendo que Él es el único que puede responder y resolver la situación por la que estás atravesando.

- **Él es soberano, y en su soberanía puede redimir todo para bien.**

- **Conocer la Palabra de Dios y sus promesas para poder aferrarse a Él.** Proverbios 24:14 dice: "Así será para ti el conocimiento de la sabiduría: si la hallas tendrás recompensa y al fin tu esperanza no será frustrada".

Cuando Dios hizo la promesa a Abraham, no pudiendo jurar por otro mayor, juró por sí mismo diciendo: «De cierto te bendeciré con abundancia y te multiplicaré grandemente.» Y habiendo esperado con paciencia, alcanzó la promesa. Los hombres ciertamente juran por uno mayor que ellos, y para ellos el fin de toda controversia es el juramento para confirmación. Por lo cual, queriendo Dios mostrar más abundantemente a los herederos de la promesa la inmutabilidad de su consejo, interpuso juramento, para que por dos cosas inmutables, en las cuales es imposible que Dios mienta, tengamos un fortísimo consuelo los que hemos acudido para asirnos de la esperanza puesta delante de nosotros. La cual tenemos como segura y firme ancla del alma, y que penetra hasta dentro del velo, donde Jesús entró por nosotros como precursor, hecho Sumo sacerdote para siempre según el orden de Melquisedec.

—HEBREOS 6:13–20

Al conocer su Palabra tenemos un fortísimo consuelo para asirnos de la esperanza, la cual es una segura y firme ancla del alma.

Para que por dos cosas inmutables, en las cuales es imposible que Dios mienta, tengamos un fortísimo consuelo los que hemos acudido para asirnos de la esperanza puesta delante de nosotros. La cual tenemos como segura y firme ancla del alma, y que penetra hasta dentro del velo.

—HEBREOS 6:18–19, RVR1960

Ser una persona que cree en esperanza contra esperanza, es ser como Abraham, quién creyó en esperanza contra esperanza como dice la escritura en Romanos 4:18–21 (RVR1995): "Él creyó en esperanza contra esperanza, para llegar a ser padre de muchas naciones, conforme a lo que se le había dicho: «Así será tu descendencia.» Y su fe no se debilitó al considerar su cuerpo, que estaba ya como muerto (siendo de casi cien años), o la esterilidad de la matriz de Sara. Tampoco dudó, por incredulidad, de la promesa de Dios, sino que se fortaleció por la fe, dando gloria a Dios, plenamente convencido de que era también poderoso para hacer todo lo que había prometido".

Me apasiona la vida de Abraham, pues después de haber esperado tanto tiempo la promesa, cuando por fin Dios cumple la promesa, y tiene un hijo de su esposa Sara y está disfrutándolo al máximo, Dios le pide que se lo entregue como un sacrificio.

> Aconteció después de estas cosas, que probó Dios a Abraham, y le dijo: Abraham. Y él respondió: Heme aquí. Y dijo: Toma ahora tu hijo, tu único, Isaac, a quien amas, y vete a tierra de Moriah, y ofrécelo allí en holocausto sobre uno de los montes que yo te diré.
>
> —GÉNESIS 22:1–2, RVR1960

Siempre que leo ese pasaje me imagino al anciano Abraham, subiendo la colina ensimismado con un solo pensamiento: Dios es poderoso, Dios es poderoso.

> El consideró que Dios era poderoso para levantar aun de entre los muertos, de donde también, en sentido figurado, lo volvió a recibir.
>
> —HEBREOS 11:19, LBLA

A Abraham eso le dio fuerza para seguir subiendo ese monte y poder obedecer a Dios. Creo que después de todo lo que había vivido, sabía que Dios lo iba a sacar de esta situación de alguna manera.

Abraham ya había querido ayudar a Dios y no le salieron bien las cosas. Esta ocasión decidió hacerlo a la manera de Dios. Ya había experimentado muchas veces su poder en su vida. Así que se aferró como dice la Escritura a esa verdad: Dios es poderoso.

Ese pensamiento debe saturar tu mente y la mía cuando estamos creyendo en esperanza contra esperanza. ¡Dios es poderoso!

Antes de concluir este capítulo solo te pido que hagas

un alto y medites si realmente es Dios a quien corres en tiempos difíciles. ¿Es Él en quien encuentras refugio? Si no es así, ¿en qué te refugias? ¿En el dinero, en la apariencia, en tu carrera? Te animo a que hoy reconozcas que la única manera de poder seguir adelante con un corazón sano y lleno de esperanza, a pesar de las circunstancias que estemos viviendo, es reconociendo que Él es nuestra fortaleza, nuestro refugio.

En ti, oh Señor, me refugio; jamás sea yo avergonzado. Líbrame en tu justicia, y rescátame; inclina a mí tu oído, y sálvame. Sé para mí una roca de refugio, a la cual pueda ir continuamente; tú has dado mandamiento para salvarme, porque tú eres mi roca y mi fortaleza. Dios mío, rescátame de la mano del impío, de la mano del malhechor y del implacable, porque tú eres mi esperanza...

—SALMO 71:1-5, LBLA

Y por último, no sé por lo que estés pasando en este momento. No sé cuánto tiempo has estado orando, esperando la respuesta de Dios. No sé si sigues con fe y paciencia esperando, o hay momentos en donde empiezas a flaquear y dudas si alguna vez te va a responder. Hoy me gustaría dejarte con esta pregunta. ¿Te conformas con el que te hizo la promesa? Si la promesa, la respuesta a esa oración no la recibes de este lado de la eternidad, ¿Él te es más que suficiente?

No te preocupes; yo sé que no es fácil. Pero te aseguro que Jesucristo es más que suficiente. Si lo tenemos a Él no nos hace falta nada.

En una ocasión tuve un sentir, que si Dios me diera

a escoger entre la sanidad de mi hijo o su salvación y su servicio en el Reino, ¿qué escogería? Y ahí no tuve que pensarlo. Levanté una oración en ese momento y le dije: "Señor, lo que más anhelo es ver el corazón de mi hijo entregado a ti, rendido a ti, sirviéndote". Pues yo entendí que teniéndolo a Él, mi hijo tendría lo más importante.

Teniéndolo a Él, tenemos todo. Como dijo el salmista, fuera de ti, nada deseo aquí en la tierra.

> ¿A quién tengo yo en los cielos, sino a ti? Y fuera de ti, nada deseo en la tierra. Mi carne y mi corazón pueden desfallecer, pero Dios es la fortaleza de mi corazón y mi porción para siempre. Porque he aquí, los que están lejos de ti perecerán; tú has destruido a todos los que te son infieles. Mas para mí, estar cerca de Dios es mi bien; en Dios el Señor he puesto mi refugio, para contar todas tus obras.
>
> —SALMO 73:25–28, LBLA

En los momentos que nuestro corazón está desfalleciendo, es cuando tenemos que aferrarnos a su Palabra, a sus promesas, correr a Él, recordando que Él es la fortaleza de nuestro corazón.

No pongas tu esperanza en la respuesta, en las circunstancias, en un hombre. Pon tu esperanza en Jesucristo. Declara como el salmista: "Diré yo a Jehová: Esperanza mía y castillo mío; mi Dios, en quien confiaré" (Salmo 91:2, RVR1960).

Y el Dios de la esperanza os llene de todo gozo y paz en el creer, para que abundéis en esperanza por el poder del Espíritu Santo.

—ROMANOS 15:13

Pues nosotros, por medio del Espíritu, esperamos por la fe la esperanza de justicia.

—GÁLATAS 5:5

Mi esperanza . . .

En esperanza contra esperanza
Ahí, tú me has encontrado
Cuando las fuerzas me han faltado
No me has abandonado
Rey Pastor, tesoro mío
Mi canción y mi esperanza
Están contigo
Mi esperanza eres tú
Hoy y por los siglos

Claudia Cedillo de Torres

Capítulo 5

ABRACÉ SU
OBRA EXTRAÑA

CIERTAMENTE HAY SUCESOS que no alcanzo a comprender, pero tampoco he seguido insistiendo en lograr comprender lo incomprensible.

Dios no es un cálculo matemático; es inmensamente mayor que nuestros pensamientos y razonamientos, eso lo he comprendido muy bien y como dice su Palabra, ¿quién entenderá su "extraña obra"? (Isaías 28:21).

El hombre, dentro de la locura del pecado, sigue queriendo suplantar a Dios; sigue pensando que en sí mismo está la respuesta de todo. Como cristianos, no estamos libres de ese tentador pensamiento. A menudo fabricamos respuestas que nos dan un falso consuelo.

Yo lo intenté, y digo: "Lo intenté", no por sentirme sabia, sino por desesperación.

Cuando surge un ¿por qué? en un grito de dolor y angustia, uno trata de encontrar alguna explicación, alguna respuesta; y muchas veces no la hay. Solo hay un silencio cargado de una inmensa compasión que proviene de la dulce mano de Dios sosteniéndonos sin darnos cuenta en esos momentos de dolor.

No he encontrado la respuesta de por qué mi pequeño

nació con hemofilia, pero he podido experimentar la constante Presencia de mi Dios en nuestras vidas.

En nuestra especial y particular experiencia, me doy cuenta de lo mucho que Dios ha tratado en nuestras vidas a través de esta situación. No quiere decir que Dios lo mandó ni que es nuestra cruz, como algunos pensarían.

Pero Dios no desperdicia nada, y todo lo usa y redime para su propósito: forjar la imagen de su Hijo Jesucristo en nosotros y establecer su Reino en la Tierra.

Claro que este peregrinaje es todo un proceso; el formar a Jesús en nuestras vidas, en ocasiones pareciera un imposible. Pero Dios es aquél que llama las cosas que no son como si fueran.

Como está escrito: «Te he puesto por padre de muchas naciones». Y lo es delante de Dios, a quien creyó, el cual da vida a los muertos y llama las cosas que no son como si fueran.

—ROMANOS 4:17

No puedo pasar por alto al estar escribiendo estas líneas a los queridos "hermanos" que todavía se preguntan cada vez que alguien sufre un accidente, pasa por una prueba, tienen alguna enfermedad o pierden algún ser querido drásticamente: *¿Quién pecó, este o sus padres?*

Cuán fariseos podemos volvernos al juzgar a otros, o tratar de dar respuesta a algo que esta fuera de nuestro alcance.

Pero la respuesta de mi Señor a esa pregunta sigue siendo la misma de hace dos mil años: "No es que pecó éste, ni sus padres, sino para que las obras de Dios se manifiesten en él" (Juan 9:2-3).

Y por supuesto que la gloria de Dios se ha manifestado en la vida de nuestro campeón. Olvidamos que el cristianismo bíblico no enseña una vida fácil. Nos muestra un constante morir al yo para poder recibir nuestra herencia incorruptible que está reservada en los cielos para nosotros, aunque por un poco de tiempo, si es necesario, pasemos por diversas pruebas.

> Para una herencia incorruptible, incontaminada e inmarchitable, reservada en los cielos para vosotros, que sois guardados por el poder de Dios, mediante la fe, para alcanzar la salvación que está preparada para ser manifestada en el tiempo final. Por lo cual vosotros os alegráis, aunque ahora por un poco de tiempo, si es necesario, tengáis que ser afligidos en diversas pruebas.
>
> —1 Pedro 1:4-6

A través de las páginas de la Palabra de Dios vemos una y otra vez a personas dispuestas a morir por Jesucristo.

Es verdad que algunas enfermedades o tragedias suceden como consecuencia de puertas que se le abrieron al enemigo; o como resultado de una siembra de pecado.

Pero qué ignorantes y soberbios seríamos si a cada enfermedad o suceso trágico le atribuyéramos un pecado oculto; especialmente cuando las personas están sufriendo y batallando con confiar en la bondad de Dios.

Si esto fuera así de simple, el apóstol Pablo sería considerado no un héroe, sino una persona que no encontró la "fórmula mágica" para no pasar por tanto dolor y sufrimiento. Y todos los discípulos en realidad, si es que pensáramos de esta forma, no supieron orar o no tuvieron fe y por eso terminaron como la historia lo cuenta: decapitados, ahogados, crucificados: "Otros experimentaron oprobios, azotes y, a más de esto, prisiones y cárceles. Fueron apedreados, aserrados, puestos a prueba, muertos a filo de espada. Anduvieron de acá para allá cubiertos de pieles de ovejas y de cabras, pobres, angustiados, maltratados" (Hebreos 11:36–37).

Creer que solo a la gente que está en pecado le pasan cosas malas es absurdo, y significa haber abrazado un sistema de creencias completamente falso.

Vivimos en un mundo donde a las personas buenas les pasan cosas malas. Y no siempre hay respuesta del por qué sucede esto o lo otro. Y nuestras mentes finitas no comprenden a fondo por qué suceden algunas cosas. La gente que está pasando por una situación difícil lo menos que necesita es algún religioso que le diga que a lo mejor no ha orado lo suficiente, o que quizá tiene que cortar con algo todavía. ¡NO! Vivimos en un mundo azotado y quebrantado por el pecado y todos, de una forma u otra, experimentamos las secuelas de sus estragos.

Los habitantes de este planeta siempre estamos buscando la autogratificación: hacer o realizar lo que nos traiga "felicidad", "placer", y entre más rápido y fácil, mejor. No deseamos sufrir y padecer. Y debido a esta manera de pensar y ser, absurdamente condenamos o aislamos a la gente que por alguna razón está viviendo una situación difícil.

Cuántos de nosotros no sabemos qué hacer cuando un amigo pierde a un ser querido; no sabemos qué decir. Situaciones así nos enfrentan a la realidad de nuestra propia fragilidad humana y nos hace darnos cuenta que podríamos ser nosotros los que estuviéramos pasando por una situación así.

El demonio del temor nos oprime y nos volvemos mudos y mancos, sin saber qué hacer o decir. Y vuelve a surgir un ¿por qué? desgarrador que sinceramente busca una respuesta, ya que desearíamos poder tener la seguridad que algo así nunca nos suceda a nosotros.

La vida cristiana es mucho más que buscar por todos los medios ser felices y gozar la vida. No hay nada de malo en la felicidad, y, de hecho, creo que Dios como Padre se alegra con nosotros cuando disfrutamos la vida y la vivimos al máximo. Jesucristo vino a darnos "vida, y para que la tengan en abundancia" (Juan 10:10).

Nuestra seguridad es Cristo.

No debemos olvidarlo. Él es nuestra roca y fortaleza en las tormentas de la vida. Él es el gozo de nuestra salvación, el cual nada, ni nadie nos puede quitar. Él es nuestro alto refugio cuando surge un ¿por qué? Toma un momento para orar y deja que sus brazos fuertes te abracen y te recuerden que su amor echa fuera nuestros temores y que en Él estamos seguros. "En el amor no hay temor, sino que el perfecto amor echa fuera el temor, porque el temor lleva en sí castigo. De donde el que teme, no ha sido perfeccionado en el amor" (1 Juan 4:18).

Uno de los nombres de Dios es Príncipe de paz. Tener paz no es la ausencia de conflicto; tener paz es tenerlo a Él. El mismo Jesús dijo: "En el mundo tendréis aflicción; pero confiad, yo he vencido al mundo" (Juan 16:33, RVR1960).

Nuestra vida, no debemos limitarla al espacio tiempo que estamos viviendo. No podemos perder de vista la eternidad. Te voy a poner un ejemplo: cuando tienes oportunidad de salir de viaje, cosa que a muchos nos gusta y disfrutamos, después de algunos días empiezas a extrañar tu cama y tu almohada. Es muy divertido viajar y conocer lugares nuevos, pero llega un momento en que lo que quieres es llegar a casa. Solo puedes pensar, ¡ya quiero llegar a mi hogar! No piensas en nada, ni siquiera en tiendas, solo quisieras poder cerrar tus ojos y al abrirlos ya estar en casa con los tuyos. ¿Te ha pasado? Qué rico es regresar a casa, sin importar el fantástico lugar que hayamos visitado o conocido. No hay como nuestra casa.

Así deberíamos vivir todos los días, recordando que estamos de paso en este lugar llamado tierra. Estamos en una jornada que nos conduce a casa. Como dijo el conocido escritor irlandés, C. S. Lewis: "Si encuentro dentro de mí un deseo que ninguna experiencia en este mundo puede satisfacer, la explicación más razonable es que fui hecho para otro mundo".[2]

Entender esto para mí fue de gran ayuda. En ocasiones, si te soy honesta, se me olvida, pero sé que la vida cristiana es mucho más que esto que vemos ahora. Nuestro Señor Jesucristo "a través del sufrimiento aprendió lo que es la obediencia" (Hebreos 5:8).

Y los discípulos, dice la Palabra de Dios que se fueron "gozosos de haber sido tenido por dignos de padecer" por Jesucristo (Hechos 5:41).

Así que levanta tus ojos y enfócate en el Príncipe de paz, el Autor y Consumador de nuestra fe. Sé que no es fácil, pero créeme Él te va a sostener; su plan es llevarnos a casa y no habrá nada que lo detenga. Abracemos la obra extraña de Dios en nuestras vidas, sabiendo "que a los que aman a Dios, todas las cosas los ayudan a bien, esto es, a los que conforme a su propósito son llamados" (Romanos 8:28, RVR1960).

Todo el capítulo de Romanos 8 es increíble, pero

quiero terminar este capítulo con unos versículos que me sostuvieron una y otra vez y lo siguen haciendo cada vez que los leo. Ahí está una verdad poderosa que resume lo que te he compartido en este capítulo, y nos hace ver que sin importar por lo que estemos pasando, Dios está de nuestro lado. ¡No hay nada que nos pueda separar de su amor! ¡Nada!

> ¿Qué, pues, diremos a esto? Si Dios es por nosotros, ¿quién contra nosotros? El que no escatimó ni a su propio Hijo, sino que lo entregó por todos nosotros, ¿cómo no nos dará también con él todas las cosas? ¿Quién acusará a los escogidos de Dios? Dios es el que justifica. ¿Quién es el que condenará? Cristo es el que murió; más aún, el que también resucitó, el que además está a la diestra de Dios, el que también intercede por nosotros. ¿Quién nos separará del amor de Cristo? ¿Tribulación, angustia, persecución, hambre, desnudez, peligro o espada?
>
> Como está escrito:
>
> «Por causa de ti somos muertos todo el tiempo; somos contados como ovejas de matadero.»
>
> Antes, en todas estas cosas somos más que vencedores por medio de aquel que nos amó.
>
> Por lo cual estoy seguro de que ni la muerte ni la vida, ni ángeles ni principados ni potestades ni lo presente ni lo por venir, ni lo alto ni lo profundo, ni ninguna otra cosa creada nos podrá separar del amor de Dios, que es en Cristo Jesús, Señor nuestro.
>
> —Romanos 8:31–39

Mi reflexión es hoy en ti... y para ti...

Al hombre de Galilea,
Jesús el hijo del carpintero,
que nunca se rinde y se especializa en entrar cuando los demás
se retiran. Tu amor conquistó mi corazón. Tu perseverancia me ha
quebrantado. Cuando la gente ha volteado su cara con desprecio,
Tú has extendido tu mano con amor.

Tú has permanecido a mi lado sin importar mis luchas y mi
quebranto.

En todos estos años me has demostrado ¡que NUNCA me vas a
abandonar! Por permanecer a mi lado y nunca rendirte conmigo:
¡Gracias!

Claudia Cedillo de Torres

Capítulo 6

"NO ME ESTIRES MÁS SEÑOR"

C UANDO ROBI TENÍA tres años, mi esposo y yo nos enteramos de que estábamos esperando otro bebé. Yo estaba contenta, otro hijo era una alegría, por supuesto, pero también comencé a pedirle a Dios que estuviera sano o que fuera niña. Si era niño, tenía 50% de probabilidades de que fuera un niño sano, y, si era mujercita, tenía 50% de probabilidades de que fuera portadora y 50% de que no lo fuera; por supuesto, yo oré que si era niña no fuera portadora de la mutación genética que causa la hemofilia.

El embarazo fue complicado desde el principio. Por alguna razón, los tres primeros meses me la pasé metida en el baño, pues vomitaba a cada rato. Además de que comencé a tener pequeños sangrados. Mi ginecólogo me dijo que tenía placenta previa. Eso significaba que la placenta se había implantado en la parte baja del útero y que cubría parcial o totalmente el cuello uterino y que conforme fuera creciendo el bebé existía la posibilidad de que la empujara, lo cual podría ser muy peligroso. El doctor me dijo que confiaba que con el paso de los meses el bebé se acomodaría y que la placenta se desplazaría hacia arriba. Pero, mientras tanto, me mandó reposo. Al principio el sangrado fue mínimo, así que solo me dijo que no tuviera mucha actividad y descansara lo más que pudiera. Claro que yo tenía fe y oraba para que todo saliera bien y que la placenta se desplazara hacia arriba. Conforme avanzaron los meses la situación empeoró. Tuve sangrados más frecuentes y el médico terminó mandándome reposo absoluto. Así que solo podía levantarme para ir al baño. Con lo inquieto que era Robi, realmente Dios nos dio a él y a mí una gracia especial durante ese tiempo del embarazo. Robi no tuvo ningún sangrado o problema por el que yo no lo hubiera podido cuidar por estar en cama. Ahora que lo escribo me maravillo. Realmente Dios nos da la gracia que necesitamos, en el momento que más la necesitamos.

Así me la pasé unos cuatro meses y ya estaba cansada de estar en la cama. Por supuesto, aprovechaba el tiempo de varias formas, y una de ellas era que hablaba mucho con mi bebé. Cuando tenía siete meses de embarazo me levanté al baño y de regreso a mi habitación empecé a sentir la sangre corriendo por mis piernas. Me recosté rápidamente y mi esposo le habló al doctor, quien dijo que era necesario que me intervinieran de inmediato, pues no solo estaba en riesgo la vida de mi bebé si no la mía también.

Entré de emergencia al hospital y mi doctor me tuvo que realizar una cesárea. Estuve consciente todo el tiempo, y cuando, por fin, sacaron a mi bebé, me dijeron: "Es hombrecito". Y comenzó a llorar aun antes de que le dieran la famosa nalgada. Lo limpiaron, lo envolvieron y lo pusieron sobre mi pecho para que yo lo viera. Él estaba llorando pero en el momento que le hablé y le dije: "Hola, mi amor, ya estás aquí conmigo, te amo, pequeño", dejó de llorar. Hasta los médicos bromearon al respecto, pues fue muy notorio cómo reconoció mi voz y se tranquilizó. Le di un beso y se lo llevaron. El pediatra me dijo que estaba bien, que no me preocupara, que solo lo iban a tener en observación por ser prematuro.

Me trasladaron a mi cuarto y esperé y esperé noticias. Roberto llegó y me dijo que nuestro bebé, Daniel, estaba luchando por su vida, pues sus pulmones, al parecer, no se habían terminado de desarrollar. No entendía lo que Roberto me estaba comunicando porque yo pensé que como mi Daniel había llorado no tenía problemas en sus pulmones. Pero comencé a orar.

La verdad no recuerdo estar angustiada o con miedo. No había nada que pudiera hacer yo; dependía completamente de Dios. Ahora sé que fue la gracia de Dios sobre mi vida que no me abandonó ni un momento. Como dice la Biblia, experimenté su paz que sobrepasa todo entendimiento, pues a pesar de las circunstancias tenía su paz. Al cabo de unas horas Roberto regresó a la habitación y me dijo que mi pequeño se había ido con el Señor. Recuerdo que entre lágrimas me dijo que había luchado por su vida como un valiente, pero sus pulmones se rindieron. Y después me dijo que no entendíamos todo pero que Dios antes de que se lo llevara le había dicho: "Lo que yo hice fue un acto de misericordia…ahora no lo entiendes, pero fue un acto de misericordia".

¡Claro que no lo entendíamos! Mis lágrimas se derramaron sin pedirme permiso, simplemente se desbordaron por el pequeño que abracé y besé una sola vez, pero que amé desde antes de conocerlo.

Roberto se tuvo que hacer cargo de todo lo del entierro de Daniel solo, pues—como me enteré después—mi vida había corrido peligro por la hemorragia que tuve. No dejaron que me levantara y me quedé en el hospital un par de días. Recuerdo que mi ginecólogo me fue a ver, me pregunto cómo me sentía, y me pidió que lo disculpara; terminé consolándolo yo, afirmándole que estaba bien y que sabía que volvería a ver a mi hijo; y entonces fue cuando se atrevió y me dijo: "Usualmente su esposo es muy fuerte, pero lo veo mal, sea fuerte por él". Le di las gracias por todo. Claro que vio a Roberto mal; ahora lo entiendo: yo también había estado en peligro y no podíamos estar juntos para poder decirle adiós a nuestro pequeño. Por supuesto que fue difícil para él hacer todo eso sin tenerme a su lado. Pero a mí me esperaba una de las experiencias más fuertes que una mujer puede tener. El día que dejé el hospital fue un día que no voy a olvidar. La sensación de vacío era enorme: me faltaba algo en mi regazo y en mis brazos. Había entrado con mi hijo al hospital y ahora salía sin él. Que sensación tan abrumadora.

Algo que recuerdo con mucho agradecimiento y amor es la primera vez que volví a ver a Robi después de haber estado hospitalizada. Cuando mi hijo entró a la habitación y corrió a abrazarme, sus pequeños brazos rodearon mi cuello y me besó. Ese día Robi iba acompañado de un aroma del cielo, de un aceite que sin saberlo frotó en mi corazón; al yo abrazarlo, mi Padre celestial me hizo darme cuenta de que mis brazos no estaban vacíos; Robi estaba conmigo. Y lo más importante: Dios estaba conmigo.

Tuve que estar vendada unos 20 días y tomar un medicamento para cortar la producción de leche. Mi cuerpo no había recibido el memorando de que mi pequeño se había adelantado a la casa de Dios. Fueron días muy difíciles.

También estuve batallando con un fuerte sangrado por más de cuarenta días, y no quería ceder. Ya nos estábamos preocupando, pero Dios mandó a uno de sus siervos que estaba visitando el instituto bíblico, y Roberto le pidió que orara por mí. Ese día Dios me tocó y se detuvo el sangrado. En ese tiempo Marcos Witt acababa de sacar la canción "Roca eterna" y recuerdo que lo escuchábamos una y otra vez y llorábamos mucho, pero creíamos con todo el corazón cada una de las palabras de ese canto.

Una y otra y otra vez ese canto de alabanza llenó mi hogar, mi corazón y el corazón de mi esposo. ¡Gracias a Dios por las alabanzas ungidas!

Finalmente, el tiempo pasó y Roberto salió a ministrar un fin de semana y yo me quedé en casa con Robi. Como era todavía muy joven en el Señor, no sabía cómo tratar lo de la muerte de mi hijo. Y como en México existe tanto misticismo y superstición no quería hacer nada que ofendiera a Dios. Vaya, ni siquiera sabía si estaba bien ir a su tumba y hablar con él, decirle que lo extrañaba. Sabía que la Biblia dice que no se deben consultar a los muertos. Pero, por supuesto, yo no quería hacer eso, solo que no sabía qué podía y qué no podía hacer sin faltarle a Dios. Y ese fin de semana encontré en mi librero un pequeño libro de Frank Peretti. Una novela llamada *Tilly*. Dios me llevó a que lo encontrara y lo usó para ministrarme y enseñarme algunas cosas. Es una novela sobre la historia de una mujer que había abortado y vivía con mucha condenación. Y aunque no se aplicaba la historia a mi experiencia, la manera en que Peretti aborda el tema es increíble. Trajo luz a mi entendimiento y Dios terminó de sanar mi corazón con ese pequeño libro. Regresando Roberto de su viaje le dije: "Tienes que leer este libro; está pequeñito y en una sentada lo acabas. Platicamos cuando lo termines". Lo deje en nuestra habitación. No pasó mucho tiempo cuando empecé a escuchar a Roberto sollozar. En cada página que leía, Dios le estaba hablando también. Cuando terminó de leerlo salió y los dos lloramos juntos, y, una vez, más le entregamos nuestro hijo a Dios.

Dios me guió a escribir una carta para mi hijo; esa es la forma en que muchas veces yo "ventilo" mis emociones y se aclaran mis sentimientos. Te la quiero compartir pues tiene verdades muy poderosas que Dios me guió a escribir.

A mi amado Daniel:

Olvidarte no podré
Pues te amé y te amo,
Oh, solo Dios sabe cuánto.
Mi corazón se duele con tu partida
Quisiera que todo fuera un sueño,
Tenerte ahora cerca de mí.
Podría sumirme en mi tristeza,
Olvidando lo que me rodea,
Aferrarme a recordarte con un dolor profundo.
No puedo hacer a un lado al Consolador,
No puedo olvidarme de mi Señor,
De tu Creador, de tu Señor.
De Aquel que tiernamente te puso dentro de mí.
Él te formo, Él te dio vida en mis entrañas.
Fuiste un don que por un tiempo se me otorgó.
Privilegio mío fue el tenerte,
Sabiendo que me fuiste dado y no me perteneces.
Te recordaré con gozo,

Mi pequeño valiente; así te llamó papá.
Tus mejillas tibias aun las recuerdo,
Y como callaste al escuchar mi voz.
Mamá te habló y te besó
Y tú te consolaste.
¡Qué alegría, me reconociste!
Siete meses preciosos compartimos juntos
Con sus achaques y malestares,
Pero valió la pena, ¡qué bendición tan grande!
Me hago a un lado para ofrecerte
Al que me concedió tenerte.
Ahora te gozas delante de tu Creador.
El Padre eterno te ayudará a crecer
Y, cuando llegue a ti, me contarás
Cómo te amó y te protegió,
Cómo sus brazos eternos te abrazaron,
Arrullándote, dándote su calor.
¿Y nosotros?
Mi pequeño Daniel,
Seguiremos adelante
Dejando que Dios nos cambie.
Un día despertaremos a su imagen
Y entonces todos juntos estaremos
Dándole ¡gloria al Padre!
Tu mamá que te ama.
Te amo, Daniel Torres Cedillo.

Yo me di cuenta en ese momento que podía aferrarme al dolor, a la nostalgia de la pérdida de mi hijo; pero no me llevaría a nada bueno. Así que en medio de mi gran dolor y tristeza decidí, escucha bien: tomé la decisión de soltarlo en las manos de Dios. ¿Es fácil? Claro que no. Pero uno toma el primer paso y Dios está ahí para respaldarte.

Sea lo que sea por lo que estás pasando, suéltalo en las manos de Dios. Él tiene cuidado de ti y de los que amas. No temas, yo sé que Él no te va a soltar de su mano.

> Pues yo te sostengo de tu mano derecha; yo, el Señor tu Dios. Y te digo: "No tengas miedo, aquí estoy para ayudarte".
> —ISAÍAS 41:13, NTV

Resurrección

La realidad de la resurrección significa que un día no tendremos que decir adiós...

Si has puesto tu confianza en Jesucristo, el suspiro sin consuelo y las lágrimas del alma un día encontrarán su último aliento junto a la orilla del mar de cristal... Y cada memoria perdida en la línea irreversible del tiempo será recogida en el círculo de la eternidad, donde todo lo perdido es gloriosamente encontrado en Aquél que lo sostiene todo...

Roberto Torres Cedillo

Capítulo 7

CAMINÉ EN SU GRACIA

DESPUÉS DE LA fuerte experiencia que fue la partida de nuestro pequeño Daniel, decidimos ir a ver a mi doctor para informarle que ya no queríamos tener más familia. Como lo mencioné en el capítulo anterior, Dios le había dicho a Roberto que aunque no entendiéramos había sido un acto de misericordia. Lo más seguro es que mi Daniel también había nacido con hemofilia. No quisimos hacerle ningún análisis después, ya había sufrido bastante. Pero estábamos casi seguros que a eso se refería Dios. Sabíamos bien que hubiera sido tremendamente difícil. Apenas podíamos con todo lo que estábamos aprendiendo con Robi.

Mi ginecólogo, Samuel Rangel, nos recibió y calmadamente nos escuchó. Gracias a Dios que él era un hombre sabio y nos dijo que no tomáramos ninguna decisión por el momento. Me dijo: "Espérate un año, y si después de ese año quieres que te opere lo haré con mucho gusto sin cobrar mis honorarios, pero no tomen una decisión tan prematura".

Así que accedimos y tomamos la decisión de esperar. Al salir de la consulta le dejé una carta que sentí escribirle. Yo sabía que era un buen momento para hablarle más personalmente sobre mi fe; el doctor realmente había estado preocupado y se sentía responsable por lo que había pasado.

En la carta le decía que no se preocupara por nosotros. Que estábamos bien y que en lo más mínimo sentía que él tenía algo de culpa. Le aseguré de mi fe en Jesucristo y la esperanza que tenía de que vería a mi hijo algún día nuevamente. Tenía muchos años orando por él y cada vez que tenía consulta, antes de revisarme, me dedicaba unos momentos para preguntarme algo sobre la Biblia o alguna otra inquietud que tenía. A veces platicábamos solos él y yo, y en otras ocasiones se pasaba horas hablando con Roberto. El doctor Rangel finalmente recibió a Jesucristo como su Señor y Salvador, y ahora ya está en su presencia. Yo sé que Dios usó muchos medios y personas, pero me da mucho gusto saber que también nos usó a nosotros para compartirle del gran amor de Jesucristo por él.

Mi corazón comenzó a estar cada vez más tranquilo. Y llegué a pensar que si nos quedábamos solo con Robi, yo no tendría ningún problema. Por lo menos, había tenido el privilegio de ser madre. Yo seguía aprendiendo cada día como ser mejor mamá y cómo aplicar sobre mi hijo los principios de corrección y disciplina que Dios enseña en su Palabra. Algo que tomé muy en serio fue el hecho de que no quería que mi hijo por su condición pensara que nos podía manipular. Lo había visto mucho en niños con capacidades diferentes, lo había visto de primera mano con mi hermano Alberto. Hacía lo que se le daba la gana con mi mamá. Y muchas veces causaba problemas entre mis padres simplemente porque estaba acostumbrado a llamar la atención y obtener lo que quería cuando él quería. Sé que suena duro y debo confesar que aunque amaba a mi hermano Alberto, a veces me daban ganas de estrangularlo. También los años me han enseñado que realmente él sufría no solo por su condición, sino porque mi padre se mantenía alejado de él. La realidad es que le tocó una vida muy difícil. Amo a mi hermano, y sé que ya está descansando de todo su sufrimiento cerca de los brazos del Padre celestial, y lo más lindo es que está teniendo tiempo a solas con su papá terrenal, y están poniéndose al corriente de muchas cosas. ¡Dios es increíble!

Volviendo al tema de la disciplina, Robi tenía unos cuantos meses cuando me hizo su primer berrinche. Empezó a patalear y a tirar manotazos. ¡Tenía su carácter el chiquillo! Y yo no sabía qué hacer. Tenía relativamente poco que sabía que había nacido con hemofilia y que cualquier golpe le podría ocasionar un hematoma. Y ahí—todo en segundos—le pregunte a Dios: "¿Qué hago?". Pocas veces he escuchado la voz de Dios con tanta claridad como ese día. Sentí que me decía: "Esa parte de su cuerpo, sus pompis, la tengo reservada para que lo disciplines". ¡Qué bien! Le di dos nalgadas y paró su berrinche y siguió como si nada. Dios tiene un sentido del humor muy…muy especial, caray…¡Mira que apartarme sus pompas! Pero Él bien sabía cuánto las iba a necesitar usar por unos buenos años. Lo increíble es que nunca, nunca le salió un moretón en las pompis cuando lo disciplinábamos. Pero solo cuando lo disciplinábamos, pues en una ocasión se pegó con el pico de una mesa en una nalga y se le inflamó tremendamente. Solo funcionaba para la disciplina. ¿No es increíble?

Robi entró a la escuela el 2 de septiembre de 1992, y yo escribí esto en el diario:

> Hoy fuiste a la escuela por primera vez, y te fuiste muy contento con tu lonchera y mochila. Entraste

a las 8:30, ¡querías irte desde las 7:30! Pequeño, te extraño haciendo travesuras en la casa y pidiéndome cosas, pero sé que nos va a servir a los dos. Te amo mucho y me doy cuenta de cuánto tiempo pasarás fuera de casa. Qué privilegio fue tenerte para mí solita todo este tiempo. ¡Qué rápido pasan los años!

Hoy extendiste tus alas para volar y tu exploración será corta, seguirás volando muy de cerca del nido acurrucado en papá y mamá. Robi, Dios nos concedió tenerte; eres un hermoso don, pero al Señor le perteneces y para Él estás consagrado.

El propósito de Dios y sus promesas serán cumplidas en tu vida y en tu llamado.

Nosotros estaremos gozosos de que extiendas tus alas y aprendas a estar en las alturas.

Volarás para Él, para su gloria, no te soltamos al vacío sino en las manos del Todopoderoso.

Como te he comentado, para mí escribir es terapéutico. Y como yo quería dejarle este diario a Robi para que viera la bondad de Dios, también me obligaba a poner mi mirada en el Señor. Como podrás ver en algunas de las cartas que te he compartido, escribía sobre mis luchas, mis temores, pero terminaba confesando mi fe y la grandeza de Dios. Sabía que mi hijo algún día leería esto y era importante que él supiera que Dios es fiel.

El 30 de septiembre de 1992 tengo en mi diario un suceso muy importante que pasó mientras Robi estaba en la escuela. La primera línea dice: "¡Victoria!".

Robertito, hoy fue un día muy especial. Fui por ti a la escuela y no estabas. Te habías puesto mal con un dolor en la cabeza muy fuerte y me espanté mucho. Lo escribo con vergüenza, pero es que habíamos estado batallando ya como dos semanas con tu salud y por eso me asusté tanto. A las 3:30 p. m. fuimos al hospital y el doctor nos dijo muchas cosas que no tenían sentido y que nos preocuparon. Nos dijo que te observáramos y que al día siguiente vería como seguías. Estuvimos orando y orando. Te dolía mucho la cabeza y tenías fiebre. No supimos bien qué era lo que tenías o la razón por la que estabas así y el doctor tampoco. Dormías mucho, estabas muy cansado y hasta vomitaste. Hablaron de sacarte líquido de la columna, y de una infección neurológica en la cabeza, pero Dios te sanó y te defendió del enemigo. Como te dije, oramos y el Señor contestó nuestras oraciones. Después de diez horas, más o menos a las 9:30 p. m., te levantaste como si nada y tenías apetito. ¡Jesús vino, te levantó y te sanó! Eso prácticamente pasó, fue como si el mismo Señor hubiera venido a tocarte, y en verdad lo hizo por su Espíritu Santo, ¡aleluya!

Es un día glorioso y, la verdad, estoy muy agradecida y sorprendida de su amor y respuesta.

¡Gracias, Señor!

El 11 de marzo de 1993 ya lo habíamos sacado de la escuela y tomado la decisión de que yo le iba a enseñar en casa. Había comenzado a batallar con un sangrado recurrente en su tobillo derecho que le ocasionaba mucho dolor y le impedía caminar. Los sangrados que tenía por lo general eran en sus muslos o brazos. Era la primera vez que estaba afectándose una de sus coyunturas. Nos la pasábamos cargándolo pues cada vez podía caminar menos, debido a que se lastimaba frecuentemente ese tobillo. Los niños que nacen con hemofilia tienen una tendencia a desarrollar una especie de artritis. El sangrado continuo en una articulación termina erosionado el cartílago y, al quedarse los huesos sin cartílago, se produce una especie de artritis que les ocasiona dolor y, conforme va avanzando, les limita el movimiento de la parte afectada. Así que Robi se la pasaba conmigo todo el día en todos lados. Y cuando había algún congreso y los niños salían a jugar mientras los papás estábamos en las conferencias, Robi se quedaba sentadito conmigo escuchando. Me sentía mal pues veía su carita cuando todos los niños se juntaban después de la alabanza para irse al campo a jugar. Pero me aguantaba las ganas de llorar y confiaba en que Dios estaba obrando en su vida, aunque yo no lo entendiera.

Recuerdo que Dios me dio una gran enseñanza leyendo los libros de Samuel. Y yo le compartí a Robi sobre la vida de Samuel quien era un niño cuando fue llevado al templo y no podía andar correteando y jugando como los demás niños. Samuel tenía un llamado y había sido apartado para Dios. Y yo le decía a Robi: "Así es contigo". Y le decía una y otra vez: "Tú eres mi pequeño Samuel". En parte porque creía que Dios tenía un llamado sobre la vida de mi hijo, y en parte porque yo sabía que Robi estaba pagando un precio y tarde o temprano esa siembra tendría su recompensa.

El tiempo que le di clases fue un tiempo increíble. Me demandó mucha disciplina y paciencia, pero cómo lo disfrutaba teniéndolo conmigo. Le enseñé a leer y escribir, pero lo más importante para mí era la oportunidad que tenía de enseñarle sobre Jesucristo. No había nada más importante para mí que prepararlo para cuando, por su propia decisión, aceptara a Jesús como su Señor y Salvador.

En ese tiempo no faltaban las historias de algún orador invitado o de algún predicador que contara como su hijo o su hija estaba en rebeldía y no quería saber nada de Dios. Yo no quería que eso pasara, así que dije: "Manos a la obra". Pero ese deseo bien intencionado me llevó a tener temor. Me leía todos los libros habidos y por haber sobre paternidad y trataba de hacer mi mejor esfuerzo. Hasta que un día Dios me dijo que había dejado que el temor entrara a mi corazón y que yo no era la salvadora de mi hijo, sino Él, y que Él me quería quitar esa carga, y ese día, lo hizo. Entendí que yo tenía que seguir orando por mi hijo y enseñándole a amar y a respetar a Dios, y que llegaría ese día cuando él solo entendiera que necesitaba a Jesucristo en su corazón.

Te comparto una de mis cartas favoritas del diario. A mí misma me causa gracia la manera en que escribí lo que estoy por compartirte. No cabe duda que Dios ve más allá de las palabras, él ve el corazón.

11 de marzo de 1993

Qué rápido pasa el tiempo. Dentro de ocho días cumplirás cuatro años, primero Dios, y estoy muy contenta con estos años y momentos que hemos vivido. Y sé que vendrá lo mejor por delante, porque ¡con Jesús es así, cada vez mejor!

Pequeño, sé que soy muy torpe y, así como lo escribí hace mucho, Dios me confió una joya sabiendo lo torpe y pecadora que soy, pero lo amo a Él y también a ti Robertito. Estoy en un aprieto en esto de ser tu maestra, pero confío en que el Señor me va ayudar y nos enseñará muchas cosas. Ahora me doy cuenta de que no solo es que tengas conocimiento de las materias... sino que yo aproveche la oportunidad de amarte; de sembrar en ti muchas cosas que ahorita no se ven, pero que se verán; de dejarte sentir mi amor y el de Jesús; y de poder aprender juntos. Tienes tanto que enseñarme, Robi. ¡Es un gozo y un reto! Ahora me doy cuenta de que necesito orar para que no te imparta lo que "yo sé" (que no sé nada), sino lo que Dios quiere que aprendas y sea sembrado en tu corazón.

Señor, ayúdame. Soy tan torpe y me siento tan limitada para esto, pero ya me pusiste aquí y, si de algo te sirvo, ¡úsame! Ayúdame a formar en Robertito a un hombre que te ame y te tema. Que no olvide nunca que eso es lo más importante. De que serviría si fuera el hombre más listo y sabio si no te amara y conociera, si solo recordara con odio el hecho de que su madre le enseñó. Al contrario, mi Señor, que lo recuerde con gusto, con amor y, tal vez, con un poco de gratitud de que le enseñé no solo a escribir, a leer y a contar, sino lo más importante: a amarte a ti y a respetar a los demás.

Gracias, Señor, ¡te amo!

A pesar de mí misma, Dios me permitió entender lo que era realmente importante en mi papel de madre. Que mi hijo supiera que yo lo amaba, y que ese amor fuera un pequeño vislumbre del gran amor de Dios por él. Que yo aprovechara la oportunidad de sembrar en él semillas eternas que algún día darían fruto y lo llevarían a entregarle su corazón a Jesucristo.

Finalmente, el problema de su tobillo empeoró y le era cada vez más difícil caminar sin lastimarse. Teníamos que hacer algo antes de que se agravara más. Roberto buscó qué alternativas había y nos enteramos de una cirugía que solo hacían en deportistas—pues era sumamente costosa—en dos estados de Estados Unidos, y que habían comenzado a realizarla en algunos niños con hemofilia.

En ese tiempo, 1995, fue cuando México pasó por una fuerte crisis económica y estábamos por perder nuestra casa. Así que se la dejamos al banco y rescatamos lo que se pudo. Hablamos con unos amigos misioneros, Blake y Rena Cromwell, y ellos nos dijeron que nos ayudarían. Así que salimos en nuestro carro, metimos lo que pudimos y nos fuimos a vivir seis meses a California. Cuando llegamos, nuestros amigos habían rentado un departamento para nosotros y lo habían amueblado por nosotros. Yo estaba realmente sorprendida del amor que nos mostraron. El lugar donde vivimos estaba a tres horas de los Ángeles que era donde estaba el hospital. Viajábamos muy seguido para allá y Dios, a través de otros amigos, Alex Acuña y su esposa, también nos proveyó un lugar donde quedarnos para no gastar. Teníamos que ahorrar lo que pudiéramos, pues no teníamos idea de cómo íbamos a pagar la cirugía de nuestro hijo.

Siempre recordaré cómo en esa etapa de nuestras vidas, Dios me mostró su amor de una manera muy especial a través de muchas personas.

El día de la cirugía llegó. Fue una cirugía muy rápida y sencilla. Robi entró y salió el mismo día del hospital. Pero antes de irnos del hospital, Roberto me dijo que tenía que ir a hablar con la trabajadora social para ponerse de acuerdo sobre cómo podía ir pagando la cirugía. Así que subimos al tercer piso donde se encontraba y pedimos hablar con ella. Roberto empezó a decirle que estábamos muy agradecidos por el trato tan amable de todos los doctores, las enfermeras y los trabajadores del hospital. Recuerdo que pensé: *Le está dando todo un discurso.* Finalmente la señorita le dio las gracias por sus comentarios tan positivos, pero le preguntó que para qué estábamos ahí con ella. Y Roberto, un poco confundido, le dijo: —Bueno, queremos ver cómo nos puede ayudar para poder pagar la cirugía.

La señorita con una cara perpleja nos dijo: —No sé de qué está hablando.

Y Roberto volvió a decirle: —¿Cómo podemos pagar la cirugía?

Finalmente la señorita nos dijo: —No entiendo, ¡no deben nada! Aquí en la computadora aparece que su hijo está en un programa que cubre todos los gastos de la cirugía.

Roberto y yo estábamos atónitos.

—¿Cómo? —Roberto preguntó una vez más—. ¿Quién metió a mi hijo en ese programa?

Yo solo le apreté el muslo por debajo de la mesa, tratando de decirle: "Ya no preguntes, vámonos antes de que nos cobren".

Aquí estábamos viendo un milagro en nuestras propias narices y nosotros súper sacados de onda. (Te puedes reír. Ahora yo me río de nuestras maneras tan humanas de reaccionar a los milagros de Dios). La señorita no le supo decir a mi marido quien había metido a nuestro hijo en ese programa. Nos preguntó si queríamos que investigara. Y le dijimos que no, que muchas gracias. Salimos con los ojos llenos de lágrimas dándole gracias a Dios por su provisión.

Teníamos tantos nervios, temores y preocupaciones al pensar cómo le íbamos a hacer para cubrir el costo de la cirugía. Nos pudieron haber dicho antes, pero no. Dios nos pudo haber avisado, pero no lo hizo así. Dios se toma su tiempo y nos ayuda a seguir creciendo.

Él ya nos ha dicho que Él es nuestro proveedor, pero muchas veces no lo creemos. Tenemos que recordar lo que ya nos dijo y aferrarnos a sus promesas.

Gracias a Dios que Él nos extiende su misericordia cuando pasamos por momentos de duda o temor. Si yo te contara cada pensamiento que tuve, no fueron pensamientos llenos de fe y confianza. Pero Dios es grande en misericordia y se compadece de nosotros.

Yo le pido a Dios que si tú necesitas un milagro de provisión, que este testimonio te inyecte la fe que necesitas para creer que Él es tú proveedor.

Ese milagro que necesitas está ahí, solo cree en su palabra. Dios es fiel y Él es Jehová-Jireh: Dios nuestro proveedor.

> Probad y ved que el Señor es bueno. ¡Cuán bienaventurado es el hombre que en Él se refugia! Temed al Señor, vosotros sus santos, pues nada les falta a aquellos que le temen. Los leoncillos pasan necesidad y tienen hambre, mas los que buscan al Señor no carecerán de bien alguno.
>
> —Salmo 34:8–10

Yo estuve ahí

Él, que lloró mis lágrimas;
Él, que experimentó mi dolor;
Él, que sufrió mi abandono.

Veo a Jesucristo caminando por los pasillos de mi vida derrumbada...

Y con la comprensión y compasión que solo Dios tiene, me dice y te dice a ti:

"Recuerdo esa herida. Me acuerdo de esas palabras hirientes. Yo estuve allí el día en que ella falleció.

Yo sé lo que sentiste al perderlo todo.

Yo sentí TODO en ese momento. Pero también lo sentí cuando mi alma y cuerpo se desmoronaban bajo el peso de una cruz y un mundo perdido y quebrantado.

Y allí, en esa cruz... yo te vi y viví tu dolor. Y al morir por ti, ese dolor murió conmigo. Fue sepultado y derrotado.

Pero recuerda que no me quedé enterrado bajo la tiranía del quebranto humano.

¡RESUCITÉ GLORIOSAMENTE! Y ahora no solo vivo, sino puedo vivir en ti. Mi Espíritu Santo se mueve por los pasillos de tu vida y cada cosa rota, perdida y muerta Él restaura, rescata y vivifica... tu dolor y sufrimiento nunca tendrán la última palabra.

Yo soy el principio y el fin. Y el final que he escrito para ti es uno de GOZO ETERNO y RESTAURACIÓN que ahora ni siquiera te puedes imaginar.

Solo sígueme y confía en mí".

Roberto Torres Cedillo

Capítulo 8

UN REGALO DE PARTE DE DIOS

ESTÁBAMOS REGRESANDO DE California a México, después de la cirugía del tobillo de Robi, y pasamos a San Antonio. Por muchos años habíamos llevado a Robi a que lo revisaran a un hospital que se encuentra ahí; conocíamos la ciudad y allí había una iglesia que nos gustaba visitar. Esa noche había servicio y fuimos. El pastor John Hagee habló sobre fe y sanidad. Roberto y Robi pasaron al frente para dar gracias y recibir oración. Yo decidí quedarme en la silla y tener un tiempo a solas con Dios. Después de que habían pasado más de tres años desde la partida de mi hijo Daniel, volvió a surgir en mí el deseo de ser mamá, y deseaba una niña, y en esa ocasión yo le dije a Dios: "Yo no quiero insistirte en que me des una niña. Qué tal que yo no sea una buena mamá de niñas. Te pido que si tú nos permites tener una niña, que sea porque va a estar completamente sana y que con ella se rompe toda maldición de transmisión de la hemofilia". Le dije: "Yo no quiero escoger el sexo de mi bebé. Qué tal que yo no soy una buena mamá de niñas. Te pido que si tú nos permites tener una niña, que sea porque va a estar completamente sana y que con ella se rompa toda maldición de transmisión".

Dios escuchó mi oración, y a los pocos días recibimos la noticia de que estaba embarazada.

La noticia de que tendría una niña llegó como brisa en un día caluroso. Mucho antes de que me embarazara hubo dos personas que se me acercaron en diferentes ocasiones para decirme que tendría una niña. Una de ellas la soñó tal y como es mi hija. Mi amiga me dijo: "La vi hermosa. Tenía el cabello negro con unos rizos muy lindos, unos ojos enormes y le podía ver sus pestañas largas, largas. ¡Está preciosa Claudia!". Yo, muy incrédula, tengo que confesar que solo sonreí y le dije: "Qué bien". La verdad tenía miedo de ilusionarme, lo de Daniel había sido muy difícil y no me sentía con las fuerzas de volver a pelear una batalla parecida, pero lo guardé en mi corazón.

¡Y ahora estaba embarazada! El embarazo de mi hija Jessica fue muy especial. Me cuidé de más. No exageré, pero si algo puedo recordar es que a pesar de que con mi Daniel sí me cuidé, nunca me cruzó por la mente que lo pudiera perder, y me quedó la duda por algún tiempo de que tal vez me pude haber cuidado un poco más. Ahora sé que no es así. Pero con Jessica fui extremadamente cuidadosa. Había madurado un poco más también, y parte de esa madurez es entender que hay cosas más importantes que una casa rechinando de limpio, o una cama bien hecha. Estaba embarazada y tenía que cuidarme. Mucha gente me recordaba a cada rato que tenía que cuidarme y a veces era un poco molesto, pues me quería entrar temor. Aun mi doctor en cada revisión me trataba con sumo cuidado y yo veía en ocasiones preocupación en sus ojos y eso no me ayudaba. Ahora lo entiendo, sé que para él fue una experiencia difícil pasar con nosotros la pérdida de Daniel. Pero Dios me recordaba una y otra vez que este embarazo estaba en sus manos y que no debía temer.

Algo que me pasó en todos mi embarazos fue que me sentía bella. La verdad no sé por qué, pero así me sentía. Y cuando estaba embarazada de Jessica aún desconocidos me detenían en el supermercado, en la calle, para decirme: "Qué bonita señora embarazada". Creo que era la gracia que Dios ya había decidido derramar sobre mi hija lo que esas personas veían. Por cierto, Jessica significa: en la gracia de Dios.

Jessica nació y trajo con ella un canto de amor y gracia de parte del Padre sobre nosotros. El primer día que la tuve entre mis brazos fue un gozo inexplicable. Dios había restituido y me había otorgado una hija. ¡Una hija sana! Jessica tendría unos dos años cuando un amigo y mentor muy querido nos estaba visitando en Puebla: Carroll Thompson. Él había sido una persona clave en nuestras vidas para saber cómo orar y cortar cosas de nuestro pasado y también había estado pendiente, en varias de sus visitas, de nuestras luchas y victorias con Robi. Así que cuando lo vi me preguntó muy interesado cómo me sentía ahora con un miembro más en casa. Le comencé a platicar de Jessica y lo increíble que era tenerla y lo dócil y fácil que era ella. Y fue cuando él comentó algo que me llamó mucho la atención y que nunca había pensado. Me dijo: "Estás disfrutando lo que es ser mamá de un hijo sano". Yo pensé: *¿Qué? ¿cómo?* No le dije nada, solo sonreí, pero me quedé pensando que era cierto; nunca lo había pensado así. Jessica era en verdad una niña fácil, pero mucho tenía que ver con que Dios me había dado una niña sana. Y, por primera vez, yo estaba experimentado ser mamá de un hijo sano.

Y a pesar de la bendición de tener una hija sana, sucedió, sin darme cuenta, que por causa de haber tenido esa sensación de vacío con la perdida de Daniel, cuando Jessica nació me aferré a ella. No me di cuenta, no lo planeé así, pero pasó.

Hice todo lo que se supone que tenemos que hacer. La consagré al Señor no una, sino varias veces, pues podía ver en ocasiones que había temor en mi corazón. Recuerdo que cada noche iba a orar por ella, dándole las gracias a Dios por su gran amor y fidelidad. Realmente estaba muy agradecida no solo por haber tenido un bebé más, sino porque me había dado una niña.

El Señor me hizo comprender a través de Jessica muchas cosas. Dios la usó para que yo me identificara y viera que así como yo la amaba, Él me amaba a mí y mucho más. Pues el amor humano es bastante imperfecto, pero el amor de Dios no. Nuestra capacidad de amar es solo un pequeño destello del amor de Dios por nosotros. Y eso lo entendí teniendo a Jessica una noche dormida cerca de mí. Me di cuenta de que la amaba tanto, tanto. Creo que todos los que hemos sido padres conocemos este sentimiento que nos sorprende y nos asombra, cuando descubrimos la intensidad con la que podemos amar a nuestros hijos. Y ahí experimentando esta realidad, Dios me hizo recordar que Él amaba a mi hija mucho más de lo que yo la amaba, pero también me ayudó a darme cuenta de una manera muy contundente que Él me amaba a mí mucho más de lo que yo amaba a mis hijos. Todavía al estarlo escribiendo me conmueve. Así como yo quería proteger y cuidar a Jessica, mi niña, mi pequeña, de la misma manera Dios me quiere proteger y cuidar. Yo soy su niña, su pequeña.

No sé si fue porque yo estaba muy joven cuando Robi nació, o porque él es hombre, que no me pude identificar igual. Obvio, amaba a Robi muchísimo, a mis dos hijos los amé y amo de la misma manera. Pero el hecho de que Jessica es mujer me ayudó a verme en ella. A entender cosas que antes no había podido entender completamente. Los años pasaron, y Jessica siguió creciendo, y yo junto con ella. Dios es muy paciente, esperó a que yo entendiera una vez más que Jessica le pertenecía a Él. Que Él tenía un plan para su vida y que yo tenía que soltarla completamente en sus manos. Se suponía que ya lo había entendido y aprendido con mi hijo Robi, y con Daniel por supuesto que lo había aprendido y abrazado. Pero con Jessica seguía batallando para no sobreprotegerla. Ya era una jovencita y me estaba enfrentado a cosas nuevas. Salidas con amigos, fiestas, chicos fijándose en ella. Y lo más fácil era decirle: "No puedes ir", pero no lo más sabio. Tenía que dejarla seguir creciendo. Y Dios sabía que no me estaba siendo nada fácil, pero estaba orando y estaba consciente de que necesitaba que Él me ayudara.

A través de una película fue que Dios me habló—Dios sigue usando toda clase de "asnas" para hablarnos—; me hizo darme cuenta que me había aferrado a mi hija y que si no cambiaba eso pronto, la podría lastimar. Jessica y yo habíamos ido a ver esta película solas las dos en matiné y tengo que decirte que lloré como una Magdalena. Lo bueno es que no había mucha gente a esa hora en el cine. Abracé a Jessica, le pedí perdón, le dije que sabía que a veces me pasaba de sobreprotectora, pero ahí Dios, usando una película, me ayudó a darme cuenta que esa había sido mi respuesta inconsciente al haber perdido a Daniel. Lo increíble de todo es que Jessica también me pudo comprender al ver la película. Nos abrazamos, lloramos y le dije que me tuviera paciencia que ya me había hablado Dios y que Él me estaba ayudando, que confiara que la iba ir soltando poco a poco.

Y fue un sábado que estábamos teniendo un devocional familiar cuando Dios me llevó a hacer una oración de rendición y entrega. Llorando le di las gracias a Dios por haberme dado el privilegio de ser mamá de Jessica. Y luego sentí decirle a Jessica que yo la soltaba en manos de Dios, y que cuando Él la llamara, y adonde la llamara, yo la soltaba en sus manos para que ella le sirviera. Ese día, por fin, la había consagrado completamente. No porque era algo que sabía que tenía que hacer, sino de corazón; la estaba soltando en las manos de Dios completamente. Y pronto esa oración sería puesta a prueba...

Yo había hecho eso con Robi. La gran dependencia que yo tenía de que Dios cuidara y protegiera a mi hijo me había llevado a consagrarlo por completo. Sabía que a mi hijo no era capaz de mantenerlo sano yo sola...pero qué ironía pensar que sí podría hacerlo con Jessica. Varias veces me llegaron a decir los doctores que si todos los niños fueran como ella, no tendrían trabajo. Como te comentaba mi hija fue una bebita muy sana, una niña saludable y, por la misericordia de Dios, ahora ella es una jovencita sin problemas de salud.

Voy a compartirte por qué mi oración fue puesta a prueba y por qué fue una ironía pensar que sí podría cuidar a Jessica yo sola.

El 25 de diciembre de 2012 llevamos a Jessica a

emergencias por un dolor en la cabeza y un chichón que tenía ahí ya por unas semanas.

Después de visitar a varios doctores, nos mandaron con un oncólogo. Al llegar me percaté de que ya habíamos estado ahí. Era el piso de oncología y hematología. ¡En ese mismo piso habían tratado a mi hijo!

Volver a estar en el piso donde trataron a mi hijo me llegó a parecer una burla cruel, porque ahí en ese mismo piso de ese hospital llevamos varias veces a mi Robi para ser revisado. No me cabía en la cabeza que ahora estuviéramos ahí por mi hija. Una multitud de sentimientos estaban tratando de invadir mi mente y corazón. Pero es en ese momento cuando uno tiene que llevar cautivos todos los pensamientos a Cristo, en el nombre del Señor, y aferrase a Él. Pues si no lo haces el enemigo puede hacer un festín contigo con todas sus burlas, dudas y temores que quiere traer. Gracias a Dios, yo sabía que no me podía dar "el lujo" de entretener esas mentiras; Dios "necesitaba" que yo me levantara y creyera, que peleara y mostrara que todos esos años de entrenamiento con mi hijo me habían enseñado su corazón. Nosotros sabíamos, conocíamos los "ejercicios de este entrenamiento" y, de una u otra manera, ya teníamos idea de lo que realmente quería Dios. Jesús vino para deshacer las obras de las tinieblas: "El Hijo de Dios se manifestó con este propósito: para destruir las obras del diablo" (1 Juan 3:8b, NBLH).

Jesús pagó con su vida y cada gota de su sangre fue derramada no solo por nuestra salvación, sino también por nuestra sanidad: "Mas Él fue herido por nuestras transgresiones, molido por nuestras iniquidades. El castigo, por nuestra paz, cayó sobre Él, y por sus heridas hemos sido sanados" (Isaías 53:5, LBLA).

El doctor ordenó una radiografía de la cabeza, y después mandó que le tomaran una resonancia magnética con la cual se pudo ver que tenía un tumor en el cráneo. Esto llevó al doctor a ordenar radiografías en cada uno de sus huesos para revisar que no tuviera nada más.

Esa noche, cuando yo estaba preocupada por Jessica, medio dormida, medio despierta… escuché el susurro del Espíritu Santo repitiendo una y otra vez este versículo en mi mente…

> Él, levantándose, reprendió al viento y dijo al mar:
> —¡Calla, enmudece!
>
> —MARCOS 4:39

Sentí que Dios me estaba diciendo que Él iba a callar, a enmudecer este tumor, esta tormenta. Él tiene el poder para calmar cualquier tormenta en nuestras vidas; enmudecerla para siempre.

> Aquel día, cuando llegó la noche, les dijo:
> —Pasemos al otro lado.
> Una vez despedida la multitud, se lo llevaron tal como estaba en la barca. También había otras barcas. Pero se levantó una gran tempestad de viento que echaba las olas en la barca, de tal manera que ya se anegaba. Él estaba en la popa, durmiendo sobre un cabezal. Lo despertaron y le dijeron:
> —¡Maestro!, ¿no tienes cuidado que perecemos?
> Él, levantándose, reprendió al viento y dijo al mar:
> —¡Calla, enmudece!

Entonces cesó el viento y sobrevino una gran calma.

—MARCOS 4:35-39

Finalmente, el 15 de enero intervinieron a Jessica para removerle el tumor de su cráneo. No fue cancerígeno, pero pertenecía a un grupo de células que se multiplican muy rápidamente, parecido al cáncer y en niños pequeños puede ser mortal. El nombre es "histiocitosis de células de Langerhans" (LCH).

El día de la cirugía estábamos ahí a las puertas del quirófano para dejar a Jessica en las manos de los médicos, pero nosotros sabíamos muy bien que en realidad ella estaba en las manos de Dios. Sabíamos que los mismos médicos estaban en manos de Dios. Habíamos orado por cada detalle, grande y pequeño. Dios me volvía a decir: "No temas".

La cirugía estaba programada para durar aproximadamente unas cuatro horas, y solo duró dos horas. Cuando vimos al doctor salir antes de tiempo, un pequeño temorcito trató de molestarme, pero el doctor nos dijo que todo estaba bien y que la habían pasado a cuidados intensivos en lo que despertaba y le pasaban los efectos de la anestesia. Nos dijo que el tumor había sido de cinco centímetros de diámetro, y que había erosionado el hueso, por lo que habían tenido que ponerle un "parche" en el cráneo para reponer lo que el tumor había erosionado, y que para ello usaron una mezcla de hueso con coral. Uno de los riesgos era que el tumor hubiera llegado a tocar alguna parte de su cerebro. Gracias a Dios no fue así, fue casi como si saliera por sí solo. No fue necesario raspar, ni quitar nada más. Dios estuvo en control de la cirugía todo el tiempo.

Nos dejaron ir a verla, y ahí estaba mi pequeña princesa, dormida con un tremendo parche en la cabeza. Al poco tiempo comenzó a despertar con dolor. Las enfermeras pasaban a revisar si ya nos había reconocido, si sabía quién era, dónde estaba, etcétera. La primera noche yo me quedé con ella. Jessica estaba muy incómoda y con mucho dolor, pero lo peor fue cuando empezó a sentir que quería hacer del baño y no podía; eso la tenía desesperada. Con todo el líquido que le estaban pasando a través de las venas, era normal. Llegó un momento en que ya no sabía qué hacer para ayudarla. En la madrugada, una enfermera le llevó un baño portátil para que se sentara y, así, estando más cómoda, a lo mejor podría hacerlo. Jessica había estado comportándose muy valiente, pero en ese momento ya estaba desesperada. Así que empecé a orar y a declarar sanidad sobre su cuerpo. Até todo temor y cualquier mentira del diablo. Y de pronto sentí un impulso del Espíritu de soplar sobre la cabeza de Jessica. Pero, ya sabes cómo es esto, por un momento lo dudé, y dije: "Estoy loca, qué ideas se me ocurren". Pero ahí seguía el sentir y Jessica estaba sentada tratando de ver si podía orinar—estaba llorando pues quería, pero no podía—. Tomé la decisión y le dije al Señor: "Ahí voy". Primero le pedí al Espíritu Santo que tomara el control, le di las gracias por el milagro de la cirugía y por estar con Jessica en todo tiempo, declaré que el mismo Espíritu que levantó a Jesús de los muertos estaba ahí vivificando el cuerpo de Jessica. Y entonces le pedí al Espíritu Santo que viniera y soplé suavemente sobre ella, dándole gracias por sanar todo su cuerpo. ¡En el momento en que terminé de orar, Jessica pudo hacer del baño, y de ahí en adelante se fue recuperando de una manera increíble, o mejor dicho milagrosa!

El segundo día mi hijo Robi nos preguntó si podía quedarse con ella. Yo no estaba muy segura pues quería estar ahí con ella. Pero Robi me suplicó diciéndome: "Mamá, por favor, déjame quedarme, tantas veces que ustedes lo hicieron por mí, que se desvelaron por mí, ahora yo me quiero quedar con mi hermana; por favor, déjenme quedarme". Finalmente accedí y fue algo que Dios usó poderosamente. Esa noche Robi creció como hombre y como siervo. Los dos cantaron juntos alabanzas a Dios y Robi hizo lo que yo hice por él tantas veces; oró palabras de vida sobre su hermana prácticamente toda la noche. Esa noche no durmieron pues le tuvieron que hacer unas pruebas a Jessica cada 2 horas. Tenían que descartar que se hubiera afectado su pituitaria y que debido a eso no se hubiera desarrollado algún tipo de diabetes.

Cuando mi esposo y yo llegamos, vimos a Jessica y a Robi platicando. Habían pasado una noche difícil y estaban esperando los resultados de la doctora. De pronto llamaron a la puerta y llegó la doctora con los resultados en mano y una gran sonrisa. Los análisis mostraron que ella estaba sana, no tenía nada. Los cuatro empezamos a darle las gracias a Dios y la presencia de Dios llenó la habitación. Ahí estábamos, agradeciéndole a Dios, cuando alguien llamó a la puerta una vez más, y entró una mujer que era la capellana del hospital. Ella, al vernos, dijo que sentía de alguna manera la presencia de Dios con nosotros, y, sin más, agregó: "Veo que todo está bien y que no me necesitan".

El canto de victoria de Dios resonaba en cada pared de esa habitación. ¡Dios no deja caer ninguna de sus promesas!

Esto es lo que Jessica escribió algunos días después:

Le pertenezco a Dios, y lo que el diablo planeó para mal, ¡Jesús lo transformó para bien! Estoy en casa después de solo dos noches en el hospital. Entré a la cirugía creyendo que Jesús ya había comenzado su operación días antes que el neurocirujano me operara. Ahora creo firmemente que no hay otra explicación para el hecho de que la cirugía duró una hora y media, cuando debería haber durado tres. ¡Dios estuvo presente siempre! ¡Mi pronta recuperación es una prueba definitiva de esto! Me recuperé dos veces más rápido de lo esperado. Durante la primera noche, pude cambiar de morfina a paracetamol, y de líquidos por vía intravenosa a una alimentación normal. ¡Los médicos y las enfermeras se sorprendieron al ver cómo poco a poco pude hablar más, sonreír, reír, comer, salir de la cama y caminar por el hospital porque estaba aburrida! ¿Sabes lo más increíble de todo? ¡NO NECESITO QUIMIO! Ninguna otra parte de mi cuerpo está afectada por el tumor, y, de hecho, es un tumor benigno, ☺. Tengo una cicatriz, y un área de mi cabeza está parcialmente rasurada, pero el pelo crece, y espero que sea muy rápido, ☺. Hay mucho más que decir, ¡Dios es tan bueno! ¡Pero ahora tengo que descansar y recuperar fuerzas! ¡Gracias a todos por su apoyo y oraciones!

—JESSICA

¡Dios sanó a Jessica! Ella es una mujercita completamente sana…nunca dependió de mí…ella le pertenece al Dios altísimo.

Siempre estaré agradecida por el regalo que Dios me dio al darme a Jessica, y siempre recordaré como Él me mostró ese enero de 2013 que Él la tiene en sus manos, que ahí ella está segura y que yo puedo descansar en mi Señor. ¡Gracias, mi Jesús!

Te comparto algo que escribí en un cumpleaños de Jessica, creo que Dios me dio estas palabras que expresan lo que ella es para mí y lo que Dios ha hecho a través de ella.

Hoy es el cumpleaños de una persona que desde que llegó a nuestras vidas las cambió para siempre...con su llegada trajo inscritos en su ser regalos y mensajes del Padre. Me mostró la fidelidad de Dios a pesar de mi falta de fe, o de mis temores. Trajo una fragancia...cada vez que la abrazaba un ungüento de sanidad llenaba mi corazón. Venía envuelta en un óleo de gozo; y en cada sonrisa suya resonaba una melodía de victoria y de amor. Hoy en este día tan especial solo puedo darle gracias a Dios por tu vida, Jessica Torres Cedillo.

Mi corazón se llena de gratitud y no tengo más que decir. ¡Padre, gracias por tu inmensa fidelidad! ¡Te amo más de lo que las palabras pueden expresar!

La tormenta y el Maestro

Si Jesús me pidió cruzar al otro lado del lago, ¿por qué estoy rodeado por una tormenta feroz?

¿Te ha sucedido? DIOS te pide que tomes un paso de fe y que obedezcas; pero en vez de disfrutar de inmediato del fruto de esa obediencia, parece que todo el infierno se desata en tu contra.

Miras a tu alrededor y ves otras barcas cruzando al otro lado del lago; intentas compararte y te preguntas por qué esas barcas no parecen ser afectadas por la tormenta.

Pero la tormenta impetuosa y las olas violentas continúan golpeando tu barca y llenándola de agua.

Y en tu angustia y temor gritas lo mismo que los discípulos le reclamaban a Jesús: «¡Maestro! ¿No te importa que nos ahoguemos?».

¿Dónde está Jesús? y ¿por qué no responde?

En este relato, el Evangelio de Marcos nos dice que «Jesús estaba dormido en la parte posterior de la barca, con la cabeza recostada en una almohada» (4:38, ntv).

¡Estaba dormido!

¿Esto quiere decir que no le importaba a Jesús lo que les pasara a los discípulos?, ¿quiere decir que no le importa lo que te está pasando a ti?

No, SÍ LE IMPORTA; Y MUCHO.

En esta aparente incongruencia, Jesús nos está enseñado algo; nos está dejando ver un aspecto del carácter y la naturaleza de DIOS.

Cuando la tormenta llega a tu vida, Jesús te está demostrando lo que un hijo de DIOS hace:

CONFIAR ABSOLUTAMENTE... al grado de poder dormir durante la tormenta.

¿Cómo puedes confiar en esta manera? La clave no es enfocándote en las olas; la clave es manteniendo tus ojos en Jesús, pues Él reprende al viento y le dice al mar: "¡Cálmate, enmudece!".

Y el viento y las olas se rinden ante la voz del Señor.

Hoy recuerda quién está en tu barca. No te hundirás; no morirás.

No veas las otras barcas. Solo ve a Jesús; Él está en tu barca.

Roberto Torres Cedillo

Capítulo 9

MÁS ALLÁ DE NUESTRO ENTENDIMIENTO

TE QUIERO COMPARTIR cómo Dios me vio estando yo en el desierto; en el desierto de la soledad, de la desesperación, del temor y la desesperanza; y cómo proveyó para mí más allá de lo que yo podía haber pedido o imaginado. Muchas veces solo tenemos vislumbres de lo que Dios está haciendo. Él es El-Roi, el Dios que nos ve en el desierto y provee para nosotros. Dios sabía que yo era portadora, sabía que tendría un hijo que nacería con hemofilia y sabía que necesitaría a un hombre que Él hubiera preparado para ser mi esposo y el padre de mi hijo.

Permíteme regresar un poco el tiempo, no sin antes insistir que al hablar de mis padres lo hago con el mayor respeto hacia ellos. Mi papá ya está con el Señor, le entregó su vida a Jesucristo antes de fallecer y sé que lo voy a volver a ver. Mi mamá es una guerrera que no se ha dado por vencida a pesar de todo por lo que ha pasado. Dios usó el nacimiento de su primer nieto (Robi) para comenzar a obrar en su corazón, y poco después le entregó su vida a Cristo. Gracias a lo cual ¡nuestra relación está sana!

Dicho lo anterior, nací en una familia disfuncional. Mi papá fue un hombre de contrastes y de luchas internas. Fue mi héroe a pesar de sus debilidades. Mi padre batalló con el alcohol toda su vida. Las memorias que tengo de él son una mezcla de tiempos buenos y tiempos que podrían caer en la categoría de aterradores. Desde muy pequeña supe que él me amaba. Recuerdo que cuando era pequeña lo acompañaba a todos lados, incluyendo a la cantina un par de veces. Tenía largas pláticas con él, sentados en la noche mirando las estrellas. Cuando platicábamos siempre me hablaba de sus sueños o de algunas de sus experiencias; me contaba alguna cosa con la que él había batallado y me decía: "Prepárate, aprende para que no te pase lo mismo que a mí". ¡Yo era su princesa! Esa cercanía entre él y yo hacía que mi mamá se pusiera muy celosa y fuera muy agresiva conmigo.

Mi padre solía golpear a mi mamá y mi mamá me golpeaba a mí. Crecí llena de miedos. No recuerdo un solo día durante mi infancia que no haya tenido miedo.

Mi papá tuvo un par de aventuras amorosas, y mi mamá proyectaba sus problemas e inseguridades en mí; ella me decía que si yo fuera rubia mi papá me amaría más, porque a él le gustaban más las rubias. Crecí llena de inseguridades. Una de las amigas de mi padre era una mujer que practicaba la brujería. Así que experimentamos en casa muchas "cosas sobrenaturales" que no eran más que ataques demoníacos.

Como mencioné anteriormente, cuando yo tenía siete u ocho años tuve un sueño. En el sueño yo estaba en el patio de mi casa y de repente una luz inmensamente brillante llenaba el lugar y yo tenía mucho miedo. Caía de rodillas porque no podía ver nada debido a la intensidad de la luz. Entonces oía una voz que me decía: "No temas". Yo no entendí el sueño en aquel entonces. Mi familia no era muy religiosa, más bien la mejor manera de describirnos es que teníamos una mezcla de creencias. Yo sabía algo acerca de Jesús; había escuchado en alguna ocasión en misa que Él había muerto por mí, por mis pecados; pero no sabía nada sobre el Padre o el Espíritu Santo.

Teníamos una estatuilla de Buda y le frotaba el estómago todos los días para ver si ese día me iba bien o si por fin teníamos un día normal en mi familia. Cada vez que mi papá llegaba a casa temía que mis padres pelearan. Sus peleas eran horribles, y un par de veces mi madre terminó en el hospital debido a las golpizas que le daba mi papá. Muchas noches me fui a dormir orando a Dios que mis padres no pelearan esa noche.

Mis padres finalmente se divorciaron cuando yo tenía 14 años. Su última pelea casi mató a mi hermano Alberto; fue horrible. Yo era la que por lo general recibía los golpes al tratar de separarlos, pero ese día mi hermano se puso en el camino.

Después de que mi mamá quedó libre de mi papá, empezó a salir con amigos y estaba muy emocionada. Tanto, que se olvidó de nosotros. Soy la mayor de tres hermanos. Y soy la única mujer. Vivimos con mi mamá un par de meses después del divorcio, pero era imposible para mí estar cerca de uno de sus amigos. Así que después de una pelea con ella, me fui a vivir con mi papá y mi hermano pequeño, Julio, se fue conmigo. Él estaba conmigo casi todo el tiempo. Soy nueve años mayor que él, y yo prácticamente lo crié. Cuando Julio nació mi mamá pasaba la mayor parte de su tiempo en el hospital con mi hermano Alberto. Beto nació con hemofilia, y en ese momento en México el tratamiento médico era muy deficiente. Durante su infancia prácticamente vivió en el hospital. Así que cuando nació mi hermano menor, Julio, yo fui la que cuidó de él. Yo tenía nueve años cuando me convertí en la "madre" de un pequeño bebé. Así que cuando mi madre empezó a vivir "la vida loca", mi hermano pequeño se fue conmigo y nos mudamos con mi papá. A los 15 años yo estaba a cargo de una familia: mi padre, que era todavía un alcohólico, y mis dos hermanos. Mi hermano Alberto me preguntó unas semanas después si podía vivir con nosotros también. Dejamos de ver o saber de mi madre durante dos años.

Tenía que despertar muy temprano en la mañana para dejar lista la comida de ese día, llevar a mis hermanos a la escuela, y luego ir a mi escuela. Era demasiado para mí. Muchas veces tuve que enviar a Julio a recoger a mi papá a la cantina. Después de dos años de esta vida, mi madre me buscó y me pidió que regresara a casa con ella. Hacía dos años que no sabía nada de ella. La extrañaba. Pero mi papá me había dicho un par de veces que se iba a morir si yo lo dejaba.

Así que cuando mi mamá me pidió que volviéramos con ella, no sabía qué hacer. Recuerdo que hablaba con Dios, desesperada buscando su ayuda, su dirección. Yo no quería romperle el corazón a mi papá, pero ya estaba cansada de estar a cargo de mi papá, mis hermanos, la cocina, la limpieza, otras tareas y de mi propio trabajo en la escuela... era demasiado para una joven de 17 años.

Finalmente, decidí regresar con mi mamá, pero con una condición. Le dije a mi mamá que no iba a volver con ella si todavía andaba con su novio. Ella me prometió que ya había terminado con él. Así que regresamos con ella.

Una semana más tarde, mi mamá se disponía a salir y le pregunté adónde iba y me contestó con evasivas. Yo sabía que me estaba mintiendo. Finalmente, fui muy directa y le pregunté si iba a ver a ese hombre. Ella me dijo que sí, que lo sentía, pero que no podía dejar de verlo.

Todo mi mundo se vino abajo. Yo había dejado a mi papá para estar con ella, pero ella me había mentido. Sentí uno de los dolores más terribles que alguna vez hubiera sentido. Me sentí perdida y traicionada.

Ella se fue, y yo no sabía qué hacer. Así que, sin pensarlo, tomé a mis hermanos, nos subimos a un taxi y la seguimos. Fuimos al restaurante donde se estaba reuniendo con ese hombre, y mis hermanos y yo nos sentamos frente a mi mamá y su novio. Le dije: "Tienes que elegir: él o nosotros". Ella nos dijo que nos amaba, pero que no iba a dejarlo. Tomé a mis hermanos y salimos de ahí. Recuerdo que no sabía qué hacer. Sentía que había traicionado a mi papá y que no podía regresar con él. Estaba tan enojada y desesperada. Finalmente les dije a mis hermanos que nos íbamos a fugar. Me sentía frustrada porque nadie se preocupaba por mí; por nosotros. Nos fuimos a la estación de autobuses, y estábamos en la puerta cuando escuché una voz dentro de mí que me decía que no debía hacerlo. Así que, finalmente, me fui a la casa de una de mis tías, una hermana de mi papá.

Tan pronto llegamos, mi tío, el esposo de mi tía, comenzó a decirme que estaba contento de que estuviera allí; que Jesús tenía un plan para mí vida; que Él me amaba. Yo no podía entender todo lo que me estaba diciendo; era demasiado para mi mente, pero en mi corazón yo sabía que eso era lo que había estado buscando toda mi vida. Mi tío me invitó a una reunión al siguiente día, así que me fui con él. Ese día dejé a mis hermanos con mi tía. Llegamos a la reunión y la gente estaba cantando canciones hermosas que hablaban sobre el amor de Dios, la victoria de Jesús y muchas otras cosas. Después, un hombre comenzó a hablar acerca de tener fe en Jesús. No recuerdo todo, pero recuerdo que mi corazón estallaba dentro de mí. Sentía la presencia de Dios conmigo; era dulce y muy fuerte. Al final de su predicación, el hombre invitó a las personas que querían aceptar a Jesús como su Salvador a pasar al frente para hacer una oración. Yo quería pasar, yo sabía que lo necesitaba, pero estaba tan asustada y era tan tímida que me quedé sentada. Pero este hombre empezó a insistir: "Sé que hay alguien aquí que tiene que venir. Dios te está esperando". Yo sabía que era yo, pero estaba aterrorizada de caminar por el pasillo hacia el estrado.

Esperé unos diez minutos. Toda la gente estaba orando, y yo sabía que esa persona que el predicador estaba esperando era yo. Así que, finalmente, me levanté y fui al frente. Me dijo que le daba mucho gusto conocerme, y luego me dirigió a hacer una oración que cambió mi vida para siempre. Jesús vino a mi corazón. Lo había estado esperando toda mi vida. Lo esperé muchas noches sin saberlo... pero su tiempo es perfecto, y a los 17 años de edad llegó a mi vida como mi Señor y Salvador.

En ese tiempo yo tenía un novio. Era un buen muchacho, pero yo no lo amaba, o mis temores y desconfianzas me lo impedían. Así que hablé con él y le dije que yo me quería casar con alguien que sirviera a Dios; alguien que trabajara a tiempo completo en el ministerio. Ahora que lo pienso, él ha de haber pensado: *¿A esta que le dieron de tomar?* Ni yo misma sabía o entendía con exactitud qué era eso que le dije en ese momento, solo era un sentir. Pero yo sabía que teníamos que terminar, y así lo hice ese día que hablé con él. Yo estaba segura de que Dios me iba a dar un esposo que lo amara a Él y lo sirviera. Pero por ahora podía esperar, no tenía prisa, pues había encontrado al que realmente me amaba: Jesucristo era el amante de mi alma. Y, por primera vez, me sentí completa, satisfecha; había encontrado lo que sin saber había buscado prácticamente toda mi vida. Por primera vez me había enamorado como loca, pero de Jesucristo. No te espantes; por si no estás familiarizado con esta expresión, trataré de explicarme. Cuando te enamoras solo piensas en esa persona, ¿verdad? Te vas a dormir y tu último pensamiento es él o ella; te despiertas y lo primero que viene a tu mente es la persona que amas; todo el día suspiras por ella, solo quieres estar pegado a ella y los minutos se te hacen eternos hasta que puedes volver a verla. Bueno, pues eso fue lo que me pasó cuando descubrí que Jesús estaba interesado en mí, que me amaba y quería que yo lo conociera. Después de haber hecho esa oración hace ya más de 30 años, quiero decirte que mi corazón se sigue acelerando cuando lo pienso, y me sigue conmoviendo, tanto como la primera vez, saberme amada por Él. Bueno, regresemos a la historia. Después de un año, Dios me permitió conocer a Roberto. Desde que lo vi me gustó, pero no pensé que fuera posible que él se fijara en mí, pues yo era nueve años más chica que él. Así que se me hacía imposible que un hombre de 27 años se fijara en una jovencita de 18. ¡Pero lo hizo!

Desde el primer momento que empezamos a salir y conocernos, buscamos estar bajo autoridad, tener a quién rendirle cuentas. Quiero decirte que recibimos muchas confirmaciones de parte de Dios. Desde sueños de gente que no me conocía, palabras proféticas y pequeños detalles con los cuales Dios nos confirmaba que Él estaba bendiciendo nuestra relación. Cuando Roberto y yo éramos novios le dije que tenía la posibilidad de ser portadora. Él lo sabía, pero creyó juntamente conmigo que no era algo de lo que debíamos preocuparnos. Ya te compartí en otro capítulo cómo Dios acomodó todo, nos casamos y al año tuvimos a Robi.

La historia que te he estado compartiendo en las páginas de este libro es lo que viví como mamá, mis luchas, mis temores, mis victorias, mis lágrimas, mis peleas conmigo misma y con la situación que estaba viviendo, las revelaciones que Dios me ha dado y lo que he vivido con Dios. Pero todo lo que te he compartido no hubiera sido posible sin el hombre que Dios me dio para que fuera el papá de mi hijo: Roberto.

Este no es un libro de parejas así que no te voy hablar de nuestro aprendizaje como esposa y esposo; eso sería otro volumen entero. Pero este libro estaría incompleto si no tomara el tiempo para contarte esta parte tan importante de la historia que fue, y es, vital por varias razones.

Roberto tal vez no cambió pañales o se quedó de madrugada vigilando a Robi las mismas veces que yo; ciertamente no escribió un diario, pero estuvo siempre ahí, dispuesto a hacer lo que fuera necesario por su hijo.

Cuando Robi necesitó la cirugía del tobillo y nos mudamos seis meses a California, Roberto no vaciló. Sabía que era algo que nuestro hijo necesitaba y lo hizo. En ese momento no pensé, la verdad, que hubiera sido la gran cosa lo que hizo, era algo que se tenía que hacer y ya.

Pero en enero del año 2000 nos mudamos una vez más a California. Cuando Roberto y yo nos tuvimos que mudar, ministerialmente estábamos en una de nuestras mejores etapas. Roberto estaba viajando mucho dentro de la República Mexicana y a otras partes del mundo, impartiendo enseñanzas y dando conferencias. Además, durante ese tiempo estaba dirigiendo la alabanza con una unción muy especial y eso también le estaba abriendo puertas por todos lados.

Cuando estábamos contemplando la idea de mudarnos por la salud de Robi, muchos le dijeron a Roberto que era una locura, que la gente se iba a olvidar de él, que iba a "enterrarse en Hanford", el pueblo adonde nos mudamos. La gente no entendía que era algo que teníamos que hacer.

Nosotros siempre escuchábamos cuando se compartía que la familia es prioridad, que se debe poner antes que el ministerio. Pero cuando estábamos decidiendo mudarnos, no parecía que la gente entendiera nuestra resolución de irnos y buscar la mejor atención para nuestro hijo.

Roberto estuvo dispuesto a dejar todo por su hijo. Es algo que siempre le voy agradecer y admirar. Estuvo dispuesto a movernos a un lugar desconocido y a confiar en que Dios iba a proveer.

Para nosotras las mujeres es diferente, nuestro significado y valía no los obtenemos del trabajo. Pero el hombre fue diseñado por Dios para ser proveedor, para sentirse orgulloso de su trabajo y ser capaz de proveerle a su familia (bueno, en la mayoría de los casos).

Dios fue increíble, como solo Él puede serlo. Teníamos unos días de haber llegado a California cuando el teléfono del departamento comenzó a sonar con invitaciones por todos lados en los Estados Unidos para Roberto. Dios también le abrió una puerta para que dirigiera la alabanza una vez al mes en la congregación de Koinonía, la cual dirigían en ese tiempo nuestros amigos Blake y Rena Cromwell, a quienes Dios usó tremendamente en esa etapa de nuestras vidas. Sí, ya te había hablado de ellos y te comparto más detalles al respecto en otro capítulo.

Así, poco a poco, empezamos a ver con asombro como Dios nos sostenía.

Apenas teníamos unos seis meses de haber llegado a California, cuando sucedió una pequeña crisis en nuestra iglesia en Puebla, y se nos pidió que consideráramos regresar para que Roberto se hiciera cargo de un área específica que él amaba y en la que era muy bueno, pero aún no habíamos resuelto nada en cuanto al medicamento que necesitaba nuestro hijo.

Roberto y yo oramos mucho para saber qué era lo que Dios quería que hiciéramos. Pedimos que nos dieran un tiempo para orarlo y pensarlo. Fue una lucha, pues no queríamos quedarnos cortos de fe y perder una oportunidad de servirle. Pero cada vez que orábamos sentíamos que teníamos que ver por nuestro hijo; antes que cualquier cosa estaba él. Roberto realizó un viaje a Puebla en el cual informó que no podíamos regresar, que no teníamos nada arreglado todavía y que necesitábamos tiempo. Fue algo complicado para nosotros y para la gente que nos estaba pidiendo que regresáramos. Para ellos fue difícil porque realmente no entendían que el futuro de la vida de nuestro hijo dependía de esta decisión. Para nosotros también porque nos sentimos muy mal de no poder ayudar y batallamos con algo de culpa, pues sentíamos que tal vez nos estaba faltando fe; pero por otro lado era una locura regresar en ese momento.

Esta decisión que tomamos marcó para siempre nuestras vidas. La relación con nuestros consiervos nunca volvió a ser la misma. Nuestro ministerio tomó otro giro y hubo cosas que Roberto y yo "perdimos". Pero hubo algo que ganamos, y debido a eso, volveríamos a tomar la misma decisión una y otra vez: Robi creció como un niño sano, no solo física, sino emocionalmente.

Algo de lo que estoy convencida es que Robi no pasó por la crisis normal de la adolescencia gracias a la ayuda y la misericordia de Dios y porque él estaba seguro del amor de su papá y de que él y su hermana eran nuestra prioridad. No solo eran palabras, él lo había visto.

Es muy importante que les mostremos con hechos a nuestros hijos que son un regalo de Dios y que, después de Dios y nuestro cónyuge, ellos son nuestra prioridad. Si sirves en la iglesia, por favor, no pongas el servicio a otras personas antes que tu familia. No es lo que Dios quiere. Dios quiere que nuestro primer ministerio sea nuestra "pequeña iglesia", nuestra familia. Significa que antes de querer servir a otros y dar la vida por otros, estés dispuesto a hacerlo por tu familia.

Si tenemos familias fuertes y sanas, tendremos iglesias sanas y fuertes. No hay mejor ayuda para la iglesia y para nuestro mundo tan necesitado que mostrar la luz de Cristo en nuestros hogares. No hay familias perfectas, nosotros no lo somos. Pero si hay algo que he insistido en casa una y otra vez es en ser reales, en no fingir afuera algo que no somos en casa. Desde que mis hijos eran chicos les tenía prohibido ser "buena gente" o ser "lindos" fuera de casa con los extraños si no lo hacían primero entre ellos.

Sé que suena muy fuerte y radical, pero así necesitamos

ser cuando se trata de ser reales. Dios trata con nuestros pecados, no con nuestras excusas; por eso es tan importante enseñarles a no aparentar, a no fingir. No somos perfectos y está bien, Dios nos ayuda día a día a seguir creciendo y un día finalmente nos pareceremos a Jesucristo; pero aquí en la tierra todos batallamos y seguimos echándole ganas. Entender eso, ayuda a darte gracia a ti mismo y otorgar gracia a otros.

Esto es muy importante cuando te encuentras en alguna posición de autoridad: no fingir, ser reales.

Dios sigue estando en el negocio de levantar al caído, sanar al quebrantado de corazón, libertar al cautivo. Pero también Dios se sigue oponiendo al fariseo, al soberbio.

> Porque así dice el Alto y Sublime que vive para siempre, cuyo nombre es Santo: Habito en lo alto y santo, y también con el contrito y humilde de espíritu, para vivificar el espíritu de los humildes y para vivificar el corazón de los contritos. Porque no contenderé para siempre, ni estaré siempre enojado, pues el espíritu desfallecería ante mí, y el aliento de los que yo he creado.
>
> —ISAÍAS 57:15, LBLA

> Porque no te deleitas en sacrificio, de lo contrario yo lo ofrecería; no te agrada el holocausto. Los sacrificios de Dios son el espíritu contrito; al corazón contrito y humillado, oh Dios, no despreciarás.
>
> —SALMO 51:17, LBLA

¿No son buenas noticias? ¡Podemos ser reales con Dios! ¡Él nos entiende y ayuda! Es más, Él quiere que seamos así. Lee los salmos y verás qué tan reales eran los salmistas expresando sus sentimientos. Esto me emociona y apasiona. Te dejo con un pensamiento. ¿Te acuerdas del título del capítulo, "Más allá de nuestro entendimiento"? Ahora solo podemos ver lo que se encuentra enfrente de nosotros, pero ¡Dios lo ve todo! Él es El-Roi. Te invito a que leas conmigo una de mis historias favoritas.

Respondió Abram a Saraí:

—Mira, tu sierva está en tus manos. Haz con ella lo que bien te parezca.

Y como Saraí la afligía, Agar huyó de su presencia.

La halló el Ángel de Jehová junto a una fuente de agua en el desierto, junto a la fuente que está en el camino de Shur. Y le dijo:

—Agar, sierva de Saraí, ¿de dónde vienes y a dónde vas?

Ella respondió:

—Huyo de delante de Saraí, mi señora.

Le dijo el Ángel de Jehová:

—Vuélvete a tu señora y ponte sumisa bajo su mano.

Le dijo también el Ángel de Jehová:

—Multiplicaré tanto tu descendencia, que por ser tanta no podrá ser contada.

Y añadió el Ángel de Jehová:

—Has concebido y darás a luz un hijo, y le pondrás por nombre Ismael porque Jehová ha oído tu aflicción. Será un hombre fiero, su mano se levantará contra todos y la mano de todos contra él; y habitará delante de todos sus hermanos.

Entonces dio Agar a Jehová, que hablaba con ella, el nombre de: *«Tú eres el Dios que me ve»*, porque dijo: «¿Acaso no he visto aquí al que me ve?» Por lo cual llamó al pozo: «Pozo del Viviente-que-me-ve.» Este pozo está entre Cades y Bered.

—GÉNESIS 16:6–14, ÉNFASIS AÑADIDO

Toma aliento con estas palabras, Dios te ve y cuando Él ve podemos estar seguros que Él provee. Dios me vio llorando de pequeña tantas veces clamando a Él aun sin saber que Él me escuchaba. Pero Él estaba ahí, escuchando y viéndome. Dios proveyó para mí lo que yo necesitaba y lo ha hecho siempre. No solo para mí, sino para toda mi familia.

Dios es un padre bueno, y tiene cuidado de ti. Tal vez por ahora no puedas ver o no entiendas qué es lo que está haciendo con tu vida. Pero créeme, Jesucristo te está viendo y te va a proveer lo que tanto necesitas. De eso estoy segura.

Expectativas contra esperanza

"¿Querrá Dios?".

"Ojalá... tal vez suceda...".

Estas palabras se basan en EXPECTATIVAS: proyecciones de nuestros deseos y miedos. Las expectativas pueden decepcionarnos y hasta traicionarnos, puesto que están sujetas a probabilidades y circunstancias fluctuantes.

Pero donde las expectativas nos fallan, la ESPERANZA nos alumbra como la luz de la aurora.

Y la luz de la esperanza nos revela la asombrosa bondad de Dios y su deseo constante de intervenir en nuestras vidas y rescatar aun las situaciones más trágicas y transformarlas en recordatorios de que su fidelidad siempre triunfará.

La esperanza nos recuerda que lo que vemos hoy no es el final.

El final ya se escribió y el campeón se llama Jesucristo.

Roberto Torres Cedillo

Capítulo 10

PALABRAS DE VIDA

COMO LO MENCIONÉ anteriormente, cada experiencia de tu vida Dios la usa para desarrollar algo en ti. El que mi hijo Robi hubiera nacido con hemofilia fue una oportunidad para desarrollar en mi vida el hábito de la oración.

Aprendí a pelear por lo que nos pertenecía y a clamar la preciosa y poderosa sangre de Jesús sobre nuestras vidas.

Aprendí un nuevo nivel de guerra espiritual, pero sobre todo aprendí a sembrar palabras de vida en mi pequeño.

Ahora sé que con nuestras palabras podemos derribar o podemos edificar. Yo no sabía nada sobre las proclamaciones proféticas o sobre el poder de las palabras. Cuando empecé a escribir versículos en tarjetas (de cartulina recortada) y comencé a orarlos una y otra vez sobre mi hijo, no eran oraciones de "bendícelo, Señor, y guárdalo", eran poderosas proclamaciones sobre mi hijo basadas en los versos de la Biblia que el Señor había destacado durante mi tiempo de lectura a solas con Él (o a través de una enseñanza o predicación), y que resonaban en mi espíritu (que es lo que se llama una palabra "rhema").

Una cosa tenía yo segura: su Palabra. Yo sabía que su Palabra es fiel y verdadera. Aprendí a amar su Palabra y a aferrarme a ella como nunca antes lo había experimentado.

La Palabra de Dios tomó un nuevo sentido en mi vida. Tenía que descubrir qué decía para mí y para mi hijo. Qué tenía Dios para nosotros, qué decía Él en su palabra. Era tiempo de que Dios me hablara y yo le escuchara por mí misma y aprendiera a sacar los tesoros escondidos de su Palabra. Salmo 107:20 dice: "Envió su palabra y los sanó; los libró de su ruina". Es a través de su Palabra que nos libra de la ruina. Su Palabra literalmente fue la espada que Dios me enseñó a usar en contra del temor y las mentiras enviadas por Satanás.

¡Cuántas veces pasamos por momentos difíciles y dolorosos! y lo único que tenemos es su Palabra. No hay más. No podemos escucharlo, no podemos sentir su cercanía, solo hay silencio. Ocasiones en donde nos rodean situaciones que nublan todo nuestro entorno, todo nuestro alrededor y no vemos. ¡No podemos ver nada! No podemos ver la seguridad del puerto, no vemos la tierra, no vemos el sol, todo está nublado por las circunstancias que estamos viviendo. Pero su Palabra, el refugio de su Palabra, nos hace recordar que ahí está el camino, sin importar la neblina, ahí está la vereda que nos guía a un lugar seguro, cerca del corazón del Padre.

Dios usa su Palabra para enseñarnos a caminar por fe en tiempos de dificultad y tribulación. Porque sin importar las circunstancias que nos rodean o el conflicto que estemos viviendo, su Palabra no cambia y sus promesas permanecen firmes y constantes. Su compromiso hacia nosotros es inalterable.

El tiempo de la tribulación o prueba es la ocasión perfecta para crecer. Crecer para abajo; echar raíces. ¿Por qué estoy hablando de echar raíces? Muy sencillo, por lo que Jesús enseñó en la parábola del sembrador.

Aquel día salió Jesús de la casa y se sentó junto al mar. Se le acercó mucha gente, así que él, entrando en la barca, se sentó, y toda la gente estaba en la playa. Les habló muchas cosas por parábolas, diciendo: «El sembrador salió a sembrar. Mientras sembraba, parte de la semilla cayó junto al camino, y vinieron las aves y la comieron. Parte cayó en pedregales, donde no había mucha tierra, y brotó pronto, porque no tenía profundidad de tierra; pero cuando salió el sol, se quemó y, *como no tenía raíz, se secó.* Parte cayó entre espinos, y los espinos crecieron y la ahogaron. Pero parte cayó en buena tierra, y dio fruto, cuál a ciento, cuál a sesenta y cuál a treinta por uno. El que tiene oídos para oír, oiga».

—MATEO 13:1–9, ÉNFASIS AÑADIDO

En todo tiempo debemos buscar seguir creciendo, pero el tiempo de la prueba—aunque no nos guste—es una excelente oportunidad para sembrar bien y echar raíces; porque la verdad es que en esos momentos buscamos más a Dios, ¿no es así?

¿Y cómo logramos esto? La manera de hacerlo es llenándote de su Palabra. Su Palabra tiene que ser la seguridad y la verdad de nuestro destino, no las circunstancias alrededor nuestro.

En Proverbios 6:2 dice la Escritura que te enredas con las palabras de tu boca y quedas atrapado con los dichos de tus labios. Por lo tanto, habla lo que tu Padre celestial dice de ti, confiésalo, da pasos de fe declarando bendición en tu vida.

Proverbios 18:21 dice que la muerte y la vida están en poder de la lengua.

¿Qué pasa si sientes que has fallado y te has atado con tus propias palabras? ¿Qué pasa si has atado y maldecido a tus hijos hablando palabras que no debías? ¿Y qué hacer si creciste escuchando palabras que te denigraban y lastimaban, palabras que te maldecían?

¡Hay esperanza!

> Hay hombres cuyas palabras son como golpes de espada, pero la lengua de los sabios es medicina.
>
> —PROVERBIOS 12:18

> Las palabras de los malvados son como emboscadas para derramar sangre, pero a los rectos los libra su propia boca.
>
> —PROVERBIOS 12:6

Vuelve a leer el versículo. ¡A los rectos los libra su propia boca! Habla bendición sobre tu vida y la vida de tus seres queridos.

¿Cómo rompemos una maldición? Primero te tienes que arrepentir; pedir perdón por lo que declaraste. Aquí también se puede pedir perdón en una manera identificativa como lo hizo Daniel en Daniel 9:3–19; lo cual es pedir perdón por algo que no cometiste, que alguien más hizo o dijo, pero que es un pecado con el que te identificas porque te das cuenta que la misma tendencia está en ti. Daniel fue un hombre justo e íntegro; sin embargo, en este capítulo está diciendo: "Hemos pecado, hemos cometido iniquidad, hemos actuado impíamente, hemos sido rebeldes y nos hemos apartado de tus mandamientos" (v. 5).

Si alguien más usó palabras incorrectas contigo, habló maldiciones sobre ti, tú puedes pedir perdón a Dios por ello, otorgándole, al mismo tiempo, perdón a esa persona que te ofendió y lastimó.

Segundo, renuncias a lo que dijiste. Renunciar es quitarle al enemigo el derecho legal que le habías dado con tus propias palabras. Si, por ejemplo, dijiste alguna vez: "Cómo me odio", "Cómo odio quien soy", tienes que declarar: "Yo renuncio a esas palabras de odio sobre mi vida". Si dijiste alguna vez: "Cómo me deprime esto", o: "Creo que siempre voy a estar deprimida", no debería sorprenderte si estás deprimido la mayor parte del tiempo. Entonces, "localizas" las palabras que te llevaron a esa situación, y renuncias a esas palabras de muerte: "Yo renuncio a esa depresión". Cuántos de nosotros hemos vivido limitados porque nos la pasamos repitiendo palabras negativas de muerte y no de vida. Palabras como: "Yo no puedo", "Soy un menso", "Siempre todo me sale mal", "Soy una gorda, nunca voy a poder estar delgada", "Soy un fracasado" y muchas otras palabras como estas que te dices a ti mismo constantemente y que creciste escuchando. Si lo que estamos sembrando no son palabras de vida no debería sorprendernos tener vidas tan precarias. ¡Tú tienes el poder de cambiar esto! ¡Renuncia al derecho que le habías dado al enemigo!

Tercero, declaras que queda rota toda atadura sobre tu vida en el nombre y la autoridad de Jesucristo. Recuerda que lo tienes que hablar, lo tienes que decir.

Y, por último, cambias esas maldiciones por bendiciones. ¡Contrarresta bendiciendo! Y esto es un hábito que nos tenemos que formar. Hablar bendición una y otra vez sobre nuestra vida y la vida de los seres que amamos.

Quiero dejar un punto muy claro: te estoy compartiendo esto basándome en las escrituras que he compartido contigo. Y, al igual que con todo lo que es del Reino de Dios, se requiere tener fe y obedecer.

Por favor, una advertencia con todo mi cariño: no permitas que algo tan poderoso se convierta en tu vida en algo supersticioso. ¿Cómo? Bueno, primeramente vívelo tú, hazlo tuyo, practícalo en tu propia vida. No empieces a regañar o a reprender a todo aquel que dice alguna tontería o alguna maldición, cuando tú no lo has hecho una realidad en tu vida porque así es como comenzamos a ser religiosos y no verdaderos discípulos.

Tenemos que hablar palabras de vida a nuestras vidas, a nuestras familias, a nuestras circunstancias. El poder de nuestras palabras es sorprendente; con nuestra boca sembramos vida o sembramos muerte. Por medio de nuestra boca hacemos que el Reino de Dios se establezca en nuestras vidas o establecemos las ataduras y maldiciones-fortalezas que el enemigo con gusto planea para nosotros cada día.

La forma más poderosa de romper una maldición es hablando bendición. En su Palabra están las bendiciones más poderosas y preciosas. Búscalas, háblalas, créelas.

Hay que desarrollar el hábito de hablar bendición.

Es importante que entendamos el poder que tenemos con nuestra boca y así poder usarlo para bendecir y establecer el Reino de Dios en nuestras vidas y familias.

Como te compartía, yo lo hice mucho antes de conocer con claridad esta poderosa verdad, pero ahora veo los frutos de esa siembra. Cometí mucho errores y no hice todo perfecto, pero le creí a Dios y a su Palabra. Confesé que había hallado palabras de vida y eran medicina a todo el cuerpo de mi hijo.

> Porque son vida para los que las hallan y medicina para todo su cuerpo.
> —PROVERBIOS 4:22

Yo creí esta escritura con todo mi corazón, me aferré a ella y la hice mía. Cuando Robi era pequeño y tomaba su siesta, yo ponía una grabación de la Palabra de Dios que se escuchaba en toda la casa. Mi hijo creció empapado de la Palabra de Dios, y yo vi los frutos de ello, y ahora los sigo viendo.

Siempre me ha impactado ver en la Palabra de Dios lo importante que era para los hijos la bendición de los padres. La bendición de un padre marcaba la vida del hijo. Tenemos el ejemplo de Jacob y Esaú:

> Aconteció que cuando Isaac envejeció y sus ojos se oscurecieron quedando sin vista, llamó a Esaú, su hijo mayor, y le dijo:
> —¡Hijo mío!
> Él respondió:
> —Aquí estoy.
> —Ya soy viejo —dijo Isaac— y no sé el día de mi muerte. Toma, pues, ahora tus armas, tu aljaba y tu arco, y sal al campo a cazarme algo. Hazme un guisado como a mí me gusta; tráemelo y comeré, para que yo te bendiga antes que muera.
> Rebeca estaba escuchando cuando Isaac hablaba a su hijo Esaú; y se fue Esaú al campo para buscar la

caza que había de traer. Entonces Rebeca habló a su hijo Jacob, diciendo:

—Mira, yo he oído a tu padre, que hablaba con tu hermano Esaú diciendo: "Tráeme caza y hazme un guisado, para que coma y te bendiga en presencia de Jehová antes que me muera". Ahora, pues, hijo mío, obedece a mi voz en lo que te mando. Ve ahora al ganado y tráeme de allí dos buenos cabritos de las cabras, y haré con ellos un guisado para tu padre, como a él le gusta. Tú lo llevarás a tu padre, y él comerá, para que te bendiga antes de su muerte.

Pero Jacob dijo a Rebeca, su madre:

—Mi hermano Esaú es hombre velloso, y yo lampiño. Quizá me palpará mi padre; me tendrá entonces por burlador y traeré sobre mí maldición y no bendición.

Su madre respondió:

—Hijo mío, sea sobre mí tu maldición; solamente obedece a mi voz: ve y tráemelos.

Entonces él fue, los tomó y los trajo a su madre, y su madre hizo un guisado como a su padre le gustaba. Después tomó Rebeca los vestidos de Esaú, su hijo mayor, los más preciosos que ella tenía en casa, y vistió a Jacob, su hijo menor. Luego, con las pieles de los cabritos, cubrió sus manos y la parte de su cuello donde no tenía vello, y puso el guisado y el pan que había preparado en manos de su hijo Jacob.

Entonces éste fue a su padre y dijo:

—Padre mío.

Isaac respondió:

—Aquí estoy, ¿quién eres tú, hijo mío?

—Yo soy Esaú tu primogénito —respondió Jacob—.

He hecho como me dijiste. Levántate ahora, siéntate y come de mi caza, para que me bendigas.

Entonces Isaac dijo a su hijo:

—¿Cómo es que la hallaste tan pronto, hijo mío?

Jacob respondió:

—Porque Jehová, tu Dios, hizo que la encontrara delante de mí.

Isaac dijo a Jacob:

—Acércate ahora y te palparé, hijo mío, para ver si eres o no mi hijo Esaú.

Se acercó Jacob a su padre Isaac, quien lo palpó, y dijo: «La voz es la voz de Jacob, pero las manos, las de Esaú.»

Y no lo reconoció, porque sus manos eran vellosas como las manos de Esaú; y lo bendijo.

Volvió a preguntar Isaac:

—¿Eres tú mi hijo Esaú?

Jacob respondió:

—Yo soy.

Dijo entonces:

—Acércamela, y comeré de la caza de mi hijo, para que yo te bendiga.

Jacob se la acercó, e Isaac comió; le trajo también vino, y bebió. Y le dijo Isaac, su padre:

—Acércate ahora y bésame, hijo mío.

Jacob se acercó y lo besó. Olió Isaac el olor de sus vestidos, y lo bendijo, diciendo:

«Mira, el olor de mi hijo, como el olor del campo que Jehová ha bendecido. Dios, pues, te dé del rocío del cielo y de los frutos de la tierra, y abundancia de trigo y de mosto. Sírvante pueblos y las naciones se inclinen delante de ti. Sé señor de tus hermanos y ante ti se inclinen los hijos de tu madre. Malditos sean los que te maldigan y benditos los que te bendigan.»

Aconteció, luego que Isaac acabó de bendecir a Jacob, y apenas había salido Jacob de delante de su padre Isaac, que Esaú, su hermano, volvió de cazar. E hizo él también un guisado, lo trajo a su padre y le dijo:

—Levántese mi padre y coma de la caza de su hijo, para que me bendiga.

Entonces Isaac, su padre, le dijo:

—¿Quién eres tú?

Y él le dijo:

—Yo soy tu hijo, Esaú, tu primogénito.

Entonces se estremeció Isaac grandemente, y dijo:

—¿Quién es el que vino aquí, que trajo caza, y me dio y comí de todo antes que tú vinieras? Yo lo bendije, y será bendito.

Cuando Esaú oyó las palabras de su padre, lanzó una muy grande y muy amarga exclamación, y le dijo:

—Bendíceme también a mí, padre mío.

Éste le dijo:

—Vino tu hermano con engaño y tomó tu bendición.

Esaú respondió:

—Bien llamaron su nombre Jacob, pues ya me ha suplantado dos veces: se apoderó de mi primogenitura y ahora ha tomado mi bendición.

Y añadió:

—¿No has guardado bendición para mí?

Isaac respondió a Esaú, diciéndole:

—Yo lo he puesto por señor tuyo, y le he dado por siervos a todos sus hermanos; de trigo y de vino lo he provisto; ¿qué, pues, haré por ti ahora, hijo mío?

Dijo entonces Esaú a su padre:

—¿No tienes más que una sola bendición, padre mío? ¡Bendíceme también a mí, padre mío! Y alzó Esaú la voz, y lloró.

—GÉNESIS 27:1-38

Podemos ver en este pasaje lo importante que era la bendición del padre y la desesperación de Esaú cuando sabe que Jacob le ha robado la bendición que le correspondía. Para el pueblo judío la bendición sobre los hijos es muy importante. Los padres ponen las manos sobre los hijos y los bendicen declarando las Escrituras sobre ellos.

Quiero ser muy práctica al compartirte esto y pondré algunos ejemplos que el Señor me dio para orar sobre mi hijo. Esto te puede servir de guía, pero hay una cantidad de promesas y bendiciones que podemos declarar y orar sobre nuestros hijos con la confianza del respaldo de su palabra. Isaías 55:11 dice: "Así será mi palabra que sale de mi boca: no volverá a mí vacía, sino que hará lo que yo quiero y será prosperada en aquello para lo cual la envié".

Yo lo hacía y lo hago de esta forma:

Declaro en el Nombre de Jesús que:

La gracia del que habitó en la zarza venga sobre la cabeza de Robi y sobre la frente de aquel que es príncipe entre sus hermanos (Deuteronomio 33:16).

Robi es saciado de favores, lleno de la bendición de Jehová, posee el occidente y el sur (Deuteronomio 33:23).

Hallé a Robi mi siervo; lo ungí con mi santa unción. Mi mano estará siempre con él; mi brazo también lo fortalecerá. No lo sorprenderá el enemigo ni hijo perverso lo quebrantará; sino que quebrantaré delante de él a sus enemigos y heriré a los que lo aborrecen (Salmo 89:20-23).

Por esta razón también oró siempre por ti, Robi, para que nuestro Dios te tenga por digno de su llamamiento y cumpla todo propósito de bondad y toda obra de fe con su poder. Así el nombre de nuestro Señor Jesucristo será glorificado en ti y tú en él, por la gracia de nuestro Dios y del Señor Jesucristo (2 Tesalonicenses 1:11-12).

Robi, escrito está que no te sobrevendrá mal ni plaga tocará tu morada, pues a sus ángeles mandará acerca de ti, que te guarden en todos tus caminos (Salmo 91:10-11).

Robi, yo declaro en el nombre de Jesús que tú le invocarás y Él te responderá; contigo estará en la angustia; te librará y te glorificará. Te saciará de larga vida y te mostrará su salvación (Salmo 91:15-16).

Robi, el Dios de nuestros padres te ha escogido para que conozcas su voluntad, veas al Justo y oigas la voz de su boca, porque serás testigo suyo a todos los hombres, de lo que has visto y oído (Hechos 22:14-15).

En cada oración y declaración es importante que recordemos quién es el que nos respalda: Jesucristo. Así que es bueno que al declararlo empecemos usando su nombre, el nombre que está encima de todo nombre, y el nombre que nos fue dado para ser salvos.

Así de simple, así de poderoso. Ora palabras de vida sobre tus hijos. Y como dijo el sabio Salomón en el libro de Eclesiastés 11:1, RVR1960: "Echa tu pan sobre las aguas;

porque después de muchos días lo hallarás". Otra versión dice: "...y un día serás recompensado" (TLA). En otras palabras: siembra palabras de vida, y hallarás vida y bendición cuando lo hagas.

Somos un testimonio del poder de la Palabra de Dios. Mi hijo dice ahora: "Soy un milagro caminando", y sí que lo es, pues la Palabra de Dios es fiel porque Dios es fiel y verdadero. ¡No lo dudes!

Tenemos un regalo precioso en la Palabra de Jesús, ahí hay miles de promesas para ti, encuéntralas, hazlas tuyas, háblalas, proclámalas y espera con paciencia y fe ver a Dios actuar a tu favor.

> Y a ti te daré las llaves del reino de los cielos: todo lo que ates en la tierra será atado en los cielos, y todo lo que desates en la tierra será desatado en los cielos.
>
> —MATEO 16:19

En esta escritura el Señor está diciendo, si me permites parafrasearlo: Yo tengo las llaves del cielo y te las estoy dando a ti, cualquier cosa que ates yo te voy a respaldar y será atado, y cualquier cosa que sueltes así será. ¡Tenemos el respaldo de Jesús!

Yo declaro en el Nombre de Jesús que tú que estás leyendo estas líneas, eres bendecido en tu entrada y en tu salida. Eres cabeza y no cola. Tienes el favor y la gracia de Dios sobre tu vida. Declaro que el Señor es tu escudo, es tu gloria y el que levanta tu cabeza.

Ahora, mi querida amiga o mi querido amigo, ve y haz avanzar el Reino de Dios en tu vida. Si ya lo estabas haciendo, pongámonos de acuerdo ahora para proclamar bendición en nuestra familia, ciudad, país, iglesia. Seamos gente que bendice y edifica. Vivamos como lo que somos: Hijos del Dios altísimo.

Abba

Dios, nuestro Padre:
Tú, que no estás limitado por los confines de este universo.
Hoy te decimos que no hay otro más asombroso que tú.
Ven y entra en el hogar de nuestras vidas; ¡eres bienvenido!
Limpia, ordena y restaura el derrumbe y caos en los espacios más profundos de nuestro corazón.
Gracias que no somos huérfanos; hoy nos das la provisión de hijos e hijas: plenitud de paz.
El quebranto y necesidad del que está a mi lado, es un reflejo de mi quebranto y necesidad.
Perdona y sana nuestras heridas.
Rescátanos de los engaños seductores del diablo.
¡Sólo tú eres el Autor de nuestra victoria, hoy y por siempre!
Así es y será.

Roberto Torres Cedillo

Capítulo 11

PEREGRINOS
Y EXTRANJEROS

Jesús nos dijo o advirtió en Juan 16:33 que en este mundo tendríamos aflicción: "Estas cosas os he hablado para que en mí tengáis paz. En el mundo tendréis aflicción; pero confiad, yo he vencido al mundo" (RVR1995).

En nuestro caminar por este mundo habrá ocasiones en donde tengamos que sostener "gran combate de padecimientos" por diversas situaciones, pero sería más fácil si pudiéramos tener un vislumbre de la eternidad y tener así la certeza de que las circunstancias adversas por las que atravesamos son pasajeras.

Si nos diéramos cuenta de lo breve que es nuestra vida en este mundo, cambiaría drásticamente nuestra perspectiva de muchas cosas que bajo una visión finita tienen un valor grande, pero que a la luz o perspectiva de la eternidad pierden su importancia.

El salmista decía: "El hombre es como un soplo; sus días son como la sombra que pasa" (Salmo 144:4).

La mayoría de las cosas que nos roban el gozo del Señor, la paz y la alegría de vivir se vuelven insignificantes a la luz de la eternidad. Piensa en un momento en esta verdad. Si supieras que mañana va a ser tu último día aquí en la tierra, y estás peleado con tu hijo porque ya te tiene cansado de sus malos modos. ¿Sería tan importante como para que no te despidas de él, y le digas cuanto lo amas? ¿No querrías abrazarlo y besarlo y decirle que lo amas a pesar de todo? A la luz de la eternidad las cosas cambian y lo que pensamos en la tierra que es muy importante pierde su importancia a los ojos de lo eterno.

¿Has conocido a alguien que vive sin pensar que hay algo más? Gente que vive con la ilusión de la permanecía. Que piensan que nunca les va a tocar a ellos partir de este mundo y darle cuentas a su Creador.

Te has dado cuenta de lo fácil que es olvidar que nuestro hogar no es este, que solo estamos de paso, que somos peregrinos y extranjeros en este planeta.

Y al olvidar esto nos aferramos a personas, circunstancias, temores y tantas otras cosas que no nos permiten caminar con la vista fija en lo único que debe importarnos.

En Filipenses 1:21 el apóstol Pablo dijo: "Porque para mí el vivir es Cristo, y el morir es ganancia".

Dios nos creó para algo mejor que lo que ahora vemos o estamos viviendo. Fuimos creados para vivir una vida abundante. Dale un vistazo al libro de Génesis. Cuando en el principio Dios creó a la humanidad en el huerto de Edén, nos creó para vivir en un esplendor y una gloria increíble que se perdió después de la caída. Pero ese anhelo de vivir en plenitud, de vivir cerca de su gloria se quedó en lo más profundo del corazón de cada ser humano. Pues en lo profundo de nuestro ser sabemos que fuimos creados para algo más. Como dijo Agustín de Hipona: "Dios nos hizo para Él, y nuestro corazón estará inquieto hasta que descanse en Él".[3] Anhelamos algo más pues fuimos creados para la eternidad. Solo estamos de paso aquí en la tierra.

Cuando entendemos esto y suceden cosas aquí que no esperábamos, que no contábamos con ellas o no entendemos, tenemos que tener en mente que solo somos peregrinos y extranjeros en esta tierra. Y esto nos da una perspectiva muy diferente. Esto fue lo que Abraham experimentó.

Por la fe Abraham, siendo llamado, obedeció para salir al lugar que había de recibir como herencia; y salió sin saber a dónde iba. Por la fe habitó como extranjero en la tierra prometida como en tierra ajena, morando en tiendas con Isaac y Jacob, coherederos de la misma promesa; porque esperaba la ciudad que tiene fundamentos, cuyo arquitecto y constructor es Dios. Por la fe también la misma Sara, siendo estéril, recibió fuerza para concebir; y dio a luz aun fuera del tiempo de la edad, porque creyó que era fiel quien lo había prometido. Por lo cual también, de uno, y ése ya casi muerto, salieron como las estrellas del cielo en multitud, y como la arena innumerable que está a la orilla del mar. Conforme a la fe murieron todos éstos sin haber recibido lo prometido, sino mirándolo de lejos, y creyéndolo, y saludándolo, y confesando que eran extranjeros y peregrinos sobre la tierra. Porque los que esto dicen, claramente dan a entender que buscan una patria; pues si hubiesen estado pensando en aquella de donde salieron, ciertamente tenían tiempo de volver. Pero anhelaban una mejor, esto es, celestial; por lo cual Dios no se avergüenza de llamarse Dios de ellos; porque les ha preparado una ciudad.

—HEBREOS 11:8–16, RVR1960

La inesperada situación que llegó a nuestras vidas nos ha trasformado. Este libro no sería suficiente para poder expresar todo lo que Dios nos ha permitido aprender. Cada prueba tiene escondida una bendición. ¡Qué cierto ha sido esto para nuestras vidas! Dios ha sido maravillosamente fiel con nosotros y nos ha llevado de la mano en cada situación que hemos vivido.

Es verdad lo que te comenté en un capítulo anterior. Las circunstancias de nuestras vidas en gran parte forjan nuestro destino.

José el Soñador no esperaba ser vendido como esclavo; todo lo contrario, él esperaba un futuro glorioso. Dios le había mostrado lo especial de su llamado, de su destino. Y así nos sucede muchas veces inesperadamente; caemos en cisternas que no esperábamos. ¿Cómo vamos a reaccionar cuando eso pase?

¿Qué va a mostrar nuestro corazón en ese tiempo de aflicción, de prueba? ¿Voy a poner mis ojos en Jesús y voy a aferrarme a sus promesas o me voy a resentir con Dios porque no entiendo?

Si alguna circunstancia adversa llega a tu vida, no te desanimes. Alza tus ojos y míralo a Él, está más cercano que nunca. Dios tiene por delante algo mejor para tu vida.

Querido lector, quiero terminar este capítulo animándote a seguir adelante, no importa cuál sea la lucha por la que estés pasando. Dios está contigo.

En el libro de Eclesiastés, el rey Salomón una y otra vez

menciona lo inútil que es buscar un motivo para vivir en el mundo. Los logros, el reconocimiento, el dinero, etcétera, no producen paz interior. Solo Jesús puede darnos esa paz, al tener una relación con Él.

> Por tanto, puesto que tenemos en derredor nuestro tan gran nube de testigos, despojémonos también de todo peso y del pecado que tan fácilmente nos envuelve, y corramos con paciencia la carrera que tenemos por delante, puestos los ojos en Jesús, el autor y consumador de la fe, quien por el gozo puesto delante de Él soportó la cruz, menospreciando la vergüenza, y se ha sentado a la diestra del trono de Dios.
> —HEBREOS 12:1–2, LBLH

Tenemos los ojos puestos en la meta.

Nuestra meta no se encuentra en esta tierra. Nuestra carrera no es una carrera de relevos o de velocidad. Es una carrera de resistencia. ¿Crees que podremos llegar? Yo creo que sí, porque la Escritura dice: "Todo lo puedo en Cristo que me fortalece" (Filipenses 4:13).

No somos de los que retroceden, si no de los que perseveran para salvación de nuestra alma (Hebreos 10:39). Esa es mi oración para tu vida y para la nuestra: que podamos seguir adelante.

Aprendamos del padre de la fe, Abraham, que se sostuvo viendo a la eternidad, cautivada su mente por un solo pensamiento: DIOS ES PODEROSO. Sabiendo que le esperaba una ciudad cuyo arquitecto y fundador es Dios. Su patria celestial.

(Como está escrito: Te he puesto por padre de muchas gentes) delante de Dios, a quien creyó, el cual da vida a los muertos, y llama las cosas que no son, como si fuesen. El creyó en esperanza contra esperanza, para llegar a ser padre de muchas gentes, conforme a lo que se le había dicho: Así será tu descendencia. Y no se debilitó en la fe al considerar su cuerpo, que estaba ya como muerto (siendo de casi cien años), o la esterilidad de la matriz de Sara. Tampoco dudó, por incredulidad, de la promesa de Dios, sino que se fortaleció en fe, dando gloria a Dios, plenamente convencido de que era también poderoso para hacer todo lo que había prometido.

—ROMANOS 4:17–21, RVR1960

Que nuestra mente quede cautivada por un solo pensamiento: MI DIOS ES PODEROSO. Yo soy un peregrino y extranjero que voy rumbo a mi patria, a mi ciudad, a mi hogar, donde me espera una mesa puesta para celebrar y unos brazos fuertes para darme la bienvenida a casa.

Peregrinos

En nuestro caminar de fe nos enfrentamos con nuestros miedos; con las preguntas y dudas que hacen tambalear a los más firmes. Es en esta jornada de la vida donde nuestros pensamientos nos traicionan y nuestra fuerza o debilidad se agudizan. Pero en este peregrinaje nunca estamos solos, aunque todos nuestros sentidos digan lo contrario. La presencia de DIOS acompaña al peregrino solitario y en el vacío de su andar, la gracia del Consolador le recuerda, le susurra, en deleites y dolores, que nunca será abandonado; el camino a la casa del Padre ha sido revelado, y las puertas siempre estarán abiertas para los hijos que han visto la cruz...

Roberto Torres Cedillo

Capítulo 12

UNA CARRERA DE VIDA

CUANDO ROBI TENÍA 11 años comenzó a mudar sus molares; y lo que es algo natural y fácil para un niño con una coagulación normal, para mi hijo demostró ser todo un reto. Empezó a despertar en las mañanas con un charco de sangre en su almohada, y solo era el comienzo. Así que nos dimos cuenta de que teníamos que hacer algo al respecto. Dios nos abrió nuevamente la puerta con nuestros amigos que habían sido misioneros en México por más de diez años, Blake y Rena Cromwell. Ellos tenían un par de años de haber regresado a ministrar al lugar de donde eran originarios: Hanford, California. Cuando se enteraron de que los médicos nos habían dicho que Robi estaba tan bien después de haber batallado con tantos sangrados en sus articulaciones, que debería estar en un tratamiento profiláctico, nos ofrecieron ayuda abriéndonos las puertas de su iglesia para que mi esposo trabajara ahí y, así, poder buscar la asistencia médica que mi hijo necesitaba. El tratamiento profiláctico nos aseguraba que en los años de su adolescencia, Robi no sufriría ninguna deformación en sus articulaciones y ayudaría a parar los sangrados ocasionados por estar mudando muelas.

Sin pensarlo mucho, una vez más, nos mudamos a Hanford, California. Llegamos un 6 de enero del año 2000 a un departamento que ellos mismos nos habían rentado y para nuestra sorpresa otra vez ¡todo el departamento estaba amueblado! ¡Yo no lo podía creer! Era algo aún tan nuevo, ver gente tan generosa, tan amorosa; sentía que no me lo merecía, pero ahí Dios nos abrió una puerta que trajo mucha bendición sobre nuestras vidas, no solo sobre la vida de mi hijo.

Mi esposo comenzó a tocar puertas para poder obtener la medicina de nuestro hijo. Habló con los médicos de San Antonio para informarles que ahora estaríamos viviendo en California y que necesitábamos encontrar ahí un hematólogo. Dios fue acomodando paso a paso las cosas: escuela, hospital, médicos, medicina.

Robi llegó sin hablar inglés, pero eso no fue un obstáculo; entró a una escuela que pertenecía a la iglesia para cursar el quinto grado; lo regresaron a cuarto por unos meses en lo que lo regularizaban, pero a los seis meses ya estaba como pez en el agua. Terminó su quinto grado hablando perfectamente inglés.

Ese verano fuimos a México, pues seguíamos muy activos en lo que fue nuestra iglesia, y nos enteramos estando ahí que la escuela de la iglesia de California iba a cerrar. Como Robi había estado tan contento en ese lugar, y apenas empezaba a ambientarse, no sabíamos qué hacer. Comenzamos a orar para que Dios nos mostrara qué hacer y nos dirigiera a la escuela que ya tenía para nuestro hijo.

Para nosotros era un reto muy grande pues significaba explicarles a los maestros, una vez más, que Robi había nacido con hemofilia. Y aunque nunca pedíamos un trato especial o diferente, sí tenían que estar avisados por cualquier emergencia. Queríamos que fuera una escuela que entendiera, que no lo vieran como bicho raro, que tuviera buenos compañeros, etcétera.

Dios nos guío a la escuela perfecta para mi hijo: Hanford Christian School. En esta escuela mi hijo tuvo la oportunidad de participar en deportes por primera vez. Los médicos habían colocado a Robi en un sistema profiláctico; eso quería decir que le poníamos medicina tres veces a la semana. No esperábamos a que tuviera un sangrado para ponerle el factor VIII. Era un sistema de prevención que fue de gran bendición pues, así, podía hacer cosas que nunca habíamos imaginado, como jugar fútbol americano bandera, baloncesto y estar en el equipo de atletismo.

Robi descubrió que le gustaba correr y que era rápido. Su entrenador lo animó a que empezara a entrenar para poder competir. Por supuesto que él estaba muy emocionado. Pero comenzó a tener dolores muy fuertes en la espalda por la tensión que le provocaban los entrenamientos.

El entrenador decidió inscribirlo en la competencia del condado de los 100 metros planos. Faltaba una semana para la competencia y los dolores de la espalda se habían agravado, así que lo tuvimos que llevar a que lo revisara su doctor. El doctor le dijo que ese dolor era ocasionado por la tensión a la que estaba sometiendo su espalda con el entrenamiento. Nos dijo: "Si hay dolor hay sangrado".

Y le dijo a Robi que tenía que dejar de correr pues podría lastimarse seriamente.

Recuerdo que Robi al salir del hospital se puso a llorar. Por lo general, Robi fue un niño que nunca se quejó de su condición; de sus limitaciones. Dios siempre le dio la gracia para abrazar su gracia en medio de la condición con la que había nacido; pero esto era algo que él quería hacer. Solo recuerdo que yo sabía que tenía la opción de dejar que el temor me afectara y con ello impactar de una manera negativa la fe de mi hijo, o dejar que Dios le hablara y confiar que Dios lo cuidaría. Así que únicamente le dije a Robi: "Si crees que Dios te puede cuidar y que Él ha puesto en tu corazón el deseo de correr, nosotros te apoyamos".

Robi decidió correr y competir. El día de la carrera llegó. Se puso su medicina y nos fuimos a verlo correr. Había chicos con experiencia en las competiciones que llevaban tiempo preparándose. Empezamos a escuchar que cierto chico era de los favoritos para ganar. Yo no sabía qué esperar, solo quería que mi hijo estuviera bien. La carrera de 100 metros planos estaba por comenzar. Ahí sentados en las gradas estábamos mi esposo Roberto, mi hija Jessica y yo, orando y expectantes. Robi tomó su lugar, junto con los otros participantes. Mi corazón estaba tan acelerado como si yo ya hubiera corrido esa carrera y otras tres más...Sonó el disparo y los chicos comenzaron a correr. Y, de pronto, Robi y el chico que era el favorito tomaron la delantera y en cuestión de segundos, que es lo que dura la carrera, mi hijo se fue a la cabeza y obtuvo el primer lugar. ¡Robi ganó la carrera de los 100 metros planos! Ese pequeño que no podía caminar, ese niño que operaron a los seis años y le dijeron que no iba a recuperar la movilidad de su pie al ciento por ciento, ese adolescente que le creyó a Dios y que a pesar de la oposición de las circunstancias dijo: "Voy a correr, pues así como hace años un hombre sentía el placer de Dios cuando corría, yo también puedo sentir el placer de Dios cuando corro".

Me imagino a Dios sonriendo ese día, pues Dios se especializa en casos imposibles. Él entra cuando todos han dicho que no se puede. Y ese día nos mostró una vez más que no podíamos encerrarlo en una cajita; en un diagnóstico médico. Que Él honra la fe y sostiene al que tiene pocas fuerzas. Mis ojos estaban llenos de lágrimas y lo único que podía hacer era darle gracias a Dios por su gran fidelidad.

Ese día casi te puedo asegurar que vi el palco de la "nube de testigos" (Hebreos 12:1) aplaudiendo y gozándose con nosotros al ver a un jovencito trayéndole gloria a Dios por haberle creído y haber confiado que para Dios no hay nada imposible.

Tienes que saltar...

Lo has pensado... lo has razonado. Has intentado medir el resultado y las consecuencias. Pero sigues teniendo varias preguntas sin respuestas. El misterio se posa sobre tu circunstancia y pronto la duda y el temor empiezan a echar raíces en tu corazón. Quieres ser valiente y arrojado. Quieres dar ese paso radical pero no encuentras la fuerza para hacerlo...

"Tienes que saltar". Escuchas estas palabras en tu espíritu y el conflicto en tu interior incrementa. Una parte de ti está convencida de que fuiste creado para volar—para romper las barreras que te encarcelan—y la otra parte se desilusiona y atemoriza al ver tus limitantes y debilidades.

Te acercas a la orilla del precipicio, titubeante e inseguro. La neblina se levanta y ves el cielo: el símbolo de tu libertad y victoria.

Pero la caída parece infinita. "¿Y si no lo logras?".

Das un paso atrás y por un momento entretienes la idea de abandonar cualquier intento.

Pero en el viento se escucha un susurro, casi una melodía. Las cuerdas de tu alma comienzan a tocar las notas. DIOS te está hablando... y te dice:

"PRIMERO SALTA Y DESPUÉS TUS ALAS CRECERÁN".

Roberto Torres Cedillo

Capítulo 13

PRISIONEROS DE ESPERANZA

¡Vuelvan, pues, a la fortaleza, prisioneros de esperanza!
En este preciso día yo les hago saber que les devolveré
el doble de lo que perdieron.

—ZACARÍAS 9:12, RVC

SEGURO YA HABÍA leído esa escritura de Zacarías un par de veces, pero nunca se había vuelto "rhema" (ver capítulo 10) en mí, o no lo había notado. Así que fue como si lo leyera por primera vez. Y cuando leí "prisioneros de esperanza" me sacudió hasta las entrañas.

Cuando pasas por circunstancias difíciles, lo primero que el enemigo quiere robarte es la esperanza. Quiere que estés completamente desesperanzado pues ahí, en ese estado emocional, te puede dejar completamente incapacitado.

Mira como comienza el versículo: "Vuelvan, a la fortaleza". ¿De qué fortaleza está hablando Zacarías? El libro de los Salmos tiene muy claro quién es nuestra fortaleza: "Dios es nuestro amparo y fortaleza, nuestro pronto auxilio en todos los problemas" (Salmo 46:1, RVC); "Tú eres mi castillo de misericordia, mi fortaleza, mi libertador; eres mi escudo, y en ti me refugio..." (Salmo 144:2).

Conocer a Dios se convierte en nuestra fortaleza. Conocer su Palabra se convierte en nuestra fortaleza. Ser "prisionero de esperanza" es ser hecho cautivo por la esperanza... bajo la autoridad de Jesucristo. Cuando estás en su fortaleza, no puedes más que tener esperanza. No importan los problemas, las circunstancias, hay esperanza cuando estamos en Él; cuando le conocemos.

La diferencia entre la fe y la esperanza es que la fe es creer en la habilidad de Dios, y la esperanza es la firme confianza de que Dios quiere y hará algo basado en su bondad y no necesariamente en que yo me lo merezca.

Mi esposo Roberto lo enseña así siempre: "La fe es el puño que abre la puerta, la esperanza es el pie que la mantiene abierta".

1 Timoteo 1:1 dice que el Señor Jesucristo mismo es nuestra esperanza. Y Colosenses 1:27 dice que Cristo en mí, es la esperanza de gloria.

Una esperanza sin fe se convierte en tormento como dice el proverbio (Proverbios 13:12, RVR1960).

No pongas tu esperanza en nada más. Mateo 12:21 (RVC) dice: "En su nombre esperarán las naciones". Pon tu esperanza en su nombre.

Dios quiere que seas una persona con esperanza. Abraham es un excelente ejemplo de cómo en ocasiones tenemos que aferrarnos a la esperanza plenamente convencidos de que Dios es poderoso.

Contra toda esperanza, Abrahán creyó para llegar a ser padre de muchas naciones, conforme a lo que se le había dicho: «Así será tu descendencia.» Además, su fe no flaqueó al considerar su cuerpo, que estaba ya como muerto (pues ya tenía casi cien años), o la esterilidad de la matriz de Sara. Tampoco dudó, por incredulidad, de la promesa de Dios, sino que se fortaleció en la fe y dio gloria a Dios, plenamente convencido de que Dios era también poderoso para hacer todo lo que había prometido.

—ROMANOS 4:18–21, RVC

La esperanza de Dios es diferente a una buena expectativa. La expectativa se basa en la probabilidad y posibilidad, siempre incierta y vulnerable a circunstancias y caprichos.

Pero la ESPERANZA que nos saca del pantano y nos impulsa a seguir navegando aunque no veamos tierra en el horizonte nos dice: "Vuelvan a la fortaleza, oh cautivos de la esperanza; hoy mismo anuncio que te restituiré el doble" (Zacarías 9:12, NBLH).

1 Tesalonicenses 5:8 (RVR1960) dice que nos pongamos "la esperanza de salvación como yelmo".

El yelmo cubre la cabeza que es donde vienen los ataques del enemigo, la duda y la desesperanza.

Pero dice la Escritura que nosotros tenemos una esperanza que es como un ancla, que es segura e inconmovible: "Esta esperanza mantiene nuestra alma firme y segura, como un ancla, y penetra hasta detrás del velo" (Hebreos 6:19, RVC). En el versículo anterior dice: "Tengamos un fortísimo consuelo los que hemos acudido para asirnos de la esperanza puesta delante de nosotros..." (v. 18).

Dios quiere que seamos gente de esperanza, llenos de esperanza, embajadores de esperanza.

A pesar de todo lo que te he platicado y de las experiencias más difíciles y tristes, nunca he estado sin esperanza.

¡Es imposible! No es por mí, es porque lo conozco y porque realmente Él es mi fortaleza. Yo viví con un hermano con hemofilia y viví en una familia que no le conocía y sé lo que es vivir sin esperanza. Esa fue mi vida, estaba sin esperanza y sin Dios en el mundo antes de conocerlo. Ahora lo conozco y a pesar de todas las tribulaciones puedo testificar que en medio de las tormentas de la vida, su gracia me ha sostenido y Jesús es mi fortaleza y yo soy una prisionera de esperanza.

Te invito a que corras y a que vuelvas una y otra vez a Él así como lo he hecho yo. No siempre ha sido fácil, pero ¿adónde más iremos? Solo Él tiene palabras de vida eterna, y Él es fiel a cada una de sus promesas... ¡Él nos restaurará el doble!

> ¡Vuelvan, pues, a la fortaleza, prisioneros de esperanza! En este preciso día yo les hago saber que les devolveré el doble de lo que perdieron.
>
> —Zacarías 9:12, rvc

Cuando estés pasando por un tiempo difícil de prueba, o la desesperanza esté tratando de succionarte la vida, es tiempo de que vuelvas a la Fortaleza; es tiempo que te refugies en Dios. La única forma de mantener esperanza en este mundo en el que vivimos, lleno de violencia y desesperación, es volver una y otra vez a la Fortaleza, reconociendo que Dios quiere que seamos prisioneros de esperanza. Y, así, con el corazón lleno de esperanza creer que Él nos restaurará el doble. ¿No es esto increíble?

No es un cuento de hadas

"No puedo seguir . . . no puedo estar otro día más viendo un horizonte sin respuestas . . . "

¿Te has sentido así alguna vez?

Tal vez tus sueños no se han realizado; tal vez tus expectativas están frustradas.

Y aunque no quieres, te encuentras atrapado en un pantano, inmóvil, temeroso y dudoso de un futuro que ha perdido todo su esplendor.

Esperar algo bueno ya no tiene atractivo, pues pareciera que has estado esperando una eternidad.

¿QUÉ NOS PUEDE SACAR ADELANTE? ¿QUÉ NOS PUEDE INFUNDIR ALIENTO UNA VEZ MÁS?

La respuesta es: LA ESPERANZA.

Esta esperanza no es cursi, ni tampoco es de un cuento de hadas. Esta esperanza es lo más real que existe y es un ancla para nuestras almas, aun en la tormenta más hostil.

Esta esperanza únicamente se encuentra en Dios, en su bondad y fiel promesa de que todo lo que está bajo el desorden y quebranto en nuestro mundo no se quedará así por siempre.

La esperanza de Dios es diferente a una buena expectativa. La expectativa se basa en la probabilidad y la posibilidad, siempre incierta y vulnerable a circunstancias y caprichos.

Pero la ESPERANZA que nos saca del pantano y nos impulsa a seguir navegando aunque no veamos tierra en el horizonte nos dice: "Vuelvan a la fortaleza, oh cautivos de la esperanza; hoy mismo anuncio que te restituiré el doble" (Zacarías 9:12, NBLH).

Roberto Torres Cedillo

Capítulo 14

DIOS DE COMPASIÓN

por Roberto Torres Cedillo

SER HUMANO SIGNIFICA que tarde o temprano sufriremos. El dolor y la angustia tocarán a la puerta de nuestras vidas. Nadie está exento. Entonces, ¿estamos condenados a una perpetua miseria? Si esta es nuestra suerte, ¿por qué seguir adelante? ¿Dónde está Dios en medio del caos?

Evidentemente seguir a Jesucristo no es un pase gratis para esquivar la línea colosal del sufrimiento. Desde el primer siglo, los seguidores de Jesucristo sufrieron inimaginables pérdidas. Unos fueron despedazados por fieras hambrientas; otros fueron perseguidos como terroristas. Estos hombres y mujeres probaron la copa amarga del sufrimiento y sin embargo su fe no menguaba. La llama de una pasión inmortal encendía su ser con un fuego implacable. Y toda su devoción y fervor estaban inextricablemente unidos por un madero ensangrentado, por un hombre que había dividido la historia en un antes y un después. Jesús de Nazaret había capturado su corazón. La realidad incuestionable de la resurrección del Hijo de Dios había estremecido su ser. Ellos habían visto la Esperanza encarnada, habían tocado el Amor divino; y jamás fueron los mismos.

Este mismo Jesús es Aquél de quien habla este libro. Él me vio desde antes que mi madre me concibiera (Salmo 139:16). Él sabía que yo iba a nacer con hemofilia. Y así como Él sostuvo y ha sostenido a todos aquellos que decidieron seguirlo, no importando el precio, Él me ha sostenido y también puede sostenerte.

En las páginas de este libro has podido ver y palpar la fe de una mujer que decidió aferrarse a Jesucristo. Pero tal vez te preguntas: "¿Y qué de su hijo? ¿su corazón se endureció hacia Dios o también sigue al Jesús del cual habla su madre?".

Déjame invitarte a ver al Jesús que ha caminado fielmente conmigo a lo largo de mis veintiséis años. No hay duda en mi mente y corazón que el Jesús de los Evangelios— el Jesús histórico—es el mismo que me acompañó a cada cita médica. Cada vez que entraba a un hospital, Él entraba conmigo. Cuando el dolor de un sangrado se apoderaba de mí, su poder estaba presente.

Desde mis primeras memorias, cuando era pequeño y comprendí que tenía una enfermedad, la persona de Jesucristo se manifestó a mi vida con una palabra y realidad que han revolucionado mi mundo: compasión.

Como has leído en este libro, mi madre fue la primera persona que me arropó con compasión y la vertió sobre mí. Esos primeros años la presencia de Dios estuvo tangiblemente presente a través de mis padres, y mi entendimiento y concepto de Jesucristo fueron primeramente forjados a través de sus vidas. Es sumamente importante que entiendas esta dinámica, pues las preguntas tan difíciles y dolorosas que mencioné al principio de este capítulo con respecto al sufrimiento no han sido ignoradas por Dios. En nuestra mente y experiencia finita a menudo queremos una respuesta objetiva a nuestro: "¡¿Por qué Dios?!".

Pero lo que realmente necesitamos no es una respuesta, sino una persona. Te hago esta pregunta: "Si Dios, quien es infinitamente sabio, te contestara todos tus "por qué" de forma objetiva, ¿crees que tu mente finita lo comprendería todo? o, ¿crees que este conocimiento haría que todo tu dolor—pasado, presente y futuro—desapareciera?".

¿Verdad que la respuesta es "no"?

Un dato factual o una fórmula matemática no son capaces de tocar y consolar las fibras del alma.

Solo la amistad, relación y compasión de una persona pueden sumergirse a las profundidades oscuras del drama humano y sacarnos a la superficie.

Por supuesto que cuando hablo de una persona no me refiero a que un humano en sí mismo sea capaz de ejercer tal poder y reunir perfectamente estas cualidades.

Si somos honestos, sabemos muy bien que el corazón humano es frágil, egoísta y ambivalente. La compasión humana está limitada, pues el sufrimiento humano, como una fuerza gravitacional, no permite que nos elevemos y escapemos de su alcance.

Mi madre y mi padre fueron un reflejo auténtico de una compasión mayor que ellos mismos. Esta compasión me presentó a la persona de Jesucristo. Antes de yo poder pensar o articular preguntas sobre la existencia de Dios, su bondad en medio de un mundo donde existe el mal, o por qué había nacido con hemofilia, la amistad y presencia de Jesús rodearon mi vida desde pequeño.

No me malentiendas, es bueno y necesario buscar respuestas intelectuales y racionales a nuestras preguntas. Yo soy un ávido estudiante de la apologética* y mi fe está basada en hechos y evidencia. Sin embargo, el fundamento cohesivo que le da sentido y sostiene mi fe se encuentra en mi amistad y relación personal con Jesucristo.

Y una relación es experiencial no basada en fórmulas. En su carta a los Efesios, el apóstol Pablo describe esta relación de amor. Mira lo que dice al levantar una oración por los creyentes de Éfeso, una oración que hoy también es para ti.

> Ruego que arraigados y cimentados en amor, ustedes sean capaces de comprender con todos los santos cuál es la anchura, la longitud, la altura y la profundidad, y de conocer el amor de Cristo que sobrepasa el conocimiento, para que sean llenos hasta la medida de toda la plenitud de Dios.
>
> —EFESIOS 3:17–19, NBLH

Increíble, ¿verdad?

Pero hay algo que me deja perplejo, tal vez tú también lo notes.

¿Cómo puedo comprender o conocer este amor que sobrepasa el conocimiento?

Es decir, ¿tengo que pasar toda una vida inmerso en el estudio teológico y filosófico; y cómo sabré cuándo esto va a ser suficiente?

Si esto es algo de capacidad intelectual, ¿qué pasa si no es algo que se me dé tan fácilmente? ¿Habrá una fórmula matemática para conocer el amor que sobrepasa el conocimiento?

---

* Conjunto de argumentos para defender la veracidad de la fe cristiana.

Definitivamente Pablo no quería confundirnos.

Cuando él escribía estas palabras inspiradas por el Espíritu Santo, en el uso del lenguaje griego la palabra "conocer" en este versículo contiene la clave para entender a qué se refiere todo esto.

"Conocer" aquí quiere decir un aprendizaje cara a cara, un conocimiento relacional, un conocimiento personal. Esto no es algo que puedes leer en un libro de fórmulas. Este amor no se memoriza como ritos o reglas insípidas. Para que el amor de Cristo te sorprenda y te deje completamente atónito y te sumerja en sus eternas olas de gracia y paz, se necesita una amistad, una relación donde no sabes más acerca de Él, sino que lo conoces más de cerca a Él.

Y cada día que conoces a Jesucristo más de cerca, es un día más en el que estás siendo lleno hasta la medida de toda la plenitud de Dios.

En mi caminar con Jesús, lo he conocido como Salvador, Redentor, Maestro y Amigo. Pero uno de los nombres más cercanos a mi corazón es Dios de compasión.

En el Evangelio de Mateo podemos ver al Dios de compasión en acción: "Cuando Jesús desembarcó y vio a tanta gente, tuvo compasión de ellos y sanó a los que estaban enfermos" (Mateo 14:14, NBD).

Tú y yo estamos en medio de esta multitud. El Jesús de los evangelios hoy sale de la barca y entra a tu vida—en medio de la enfermedad física, en medio de un corazón hecho pedazos, en medio de un espíritu quebrantado—y hoy Él tiene compasión de ti.

Esta compasión no es una que está caracterizada por lástima o un sentimentalismo superficial de alguien que no entiende tu dolor y condición. La palabra en griego para compasión que se usa en este verso quiere decir: "De lo profundo de sus entrañas, Él se conmovió con compasión".

Aquí vemos a Jesús, el carpintero de Nazaret, el hombre de carne y hueso, familiarizado con el sufrimiento de la humanidad y conmoviéndose desde sus entrañas; desembarcando del Cielo, exponiéndose a la vulnerabilidad y fragilidad humana para venir a tu rescate.

Pero este mismo Jesús es a la misma vez el Creador del universo, el resplandor de la gloria de DIOS y la representación exacta de la naturaleza del Padre (Hebreos 1:3).

En pocas palabras, la compasión entrañable de Jesús hacia ti y hacia mí es la misma compasión del DIOS eterno, el "único y bendito Soberano, Rey de reyes y Señor de señores", el "único inmortal, que vive en luz inaccesible..." (1 Timoteo 6:15–16, NBD).

¿Cuántas veces buscamos o solamente nos enfocamos en el poder y la obra milagrosa de Dios en nuestras vidas? Queremos resultados y pruebas de su amor en nuestro mundo exterior antes de primero descubrir su obra maravillosa en nuestro mundo interior. Queremos al Dios de poder y milagros antes de recibir y convivir con el Dios de compasión.

Pero, ¿qué sucedería si en cada área quebrantada y dolida de nuestras vidas nos encontráramos primeramente con Jesús, el Dios de compasión?

FORJAR EL HOMBRE INTERIOR

Uno de mis recuerdos más valiosos de mi niñez es cuando veía las historias animadas de la Biblia. Mis padres tomaron la iniciativa de inculcarme en mi corazón la Palabra de Dios desde una temprana edad. La historia de mi vida se fundió con las historias de la Palabra de Dios. Así fue como primero empecé a experimentar al Dios de compasión. Con la vívida imaginación y asombro de un niño, yo era David derrotando al gigante de Gat. Cuando los leones se acercaban a devorar a Daniel, yo veía como su fe en Dios lo rescataba. Las llamas de un horno ardiente no quemaron a los tres jóvenes que confiaron en el Dios de Abraham, Isaac y Jacob. Y cuando las lágrimas llenaban los ojos de Jesús antes de sanar a un enfermo, yo lo veía viéndome a mí.

Era normal que actuara mis propias producciones de las historias bíblicas, como Jesús en medio de la tormenta diciendo: "¡Calma, enmudece!". Mi cama era el bote y mis peluches las olas impetuosas. Era todo un espectáculo.

Y aunque para el observador externo esto simplemente parecería un juego de niños y una etapa infantil, en realidad yo estaba declarando y estableciendo la realidad del Reino de Dios sobre mi vida con la sencillez y fe de un niño. El Dios de las historias se convirtió en el Dios de mi historia.

Por las noches mi madre me ponía la Biblia en casete y, mientras dormía, mi espíritu y mi alma recibían la fortaleza de las promesas del Padre de toda consolación (2 Corintios 1:3).

Como no crecí igual que los demás niños que podían salir a jugar a la calle y hacer deportes regularmente, mucho de mi tiempo antes de los once años fue dedicado a estar sentado y escuchar, cosa que puede parecer imposible para un niño hiperactivo. Pero lo que no podía hacer en actividad física se convirtió en actividad mental y espiritual. Me convertí en un chiquillo precoz que tenía que acompañar a mis padres a casi cada conferencia y evento de ministerio. En vez de ser un niño de siete años que platicaba con otros niños de siete años, a menudo me encontraba rodeado de adultos. Lo interesante es que no solo eran adultos, sino eran personas adultas que conocían y servían a Dios. La fe de estos hombres y mujeres de Dios, de diferentes partes del mundo, impactó mi vida. Ya no solo eran dibujos animados, sino la realidad de personas, como mis padres, que amaban y seguían al Jesús de las historias. Muchos de estos hombres y mujeres de Dios oraron por mí y hablaron proféticamente sobre mi vida. Dios se deleitó en forjar mi hombre interior e infundir esperanza y propósito a pesar de que todavía no se había manifestado en mí la sanidad física. Crecí con la certeza de que la mano de Dios estaba sobre mí y era evidente que era un niño que vivía en el favor y la gracia de Dios.

Todas estas experiencias fueron guiadas por la soberanía de Dios para moldear mi corazón y enseñarme que el milagro más grande no es una sanidad física. El milagro más asombroso es experimentar la presencia del Dios de toda compasión, quien a través de nuestras tribulaciones y sufrimientos nos comprueba contundentemente que su gracia es más que suficiente.

¿Quién sino solo Jesús?

¿Es acaso Él un Dios que está lejos, inaccesible e incapaz de identificarse con nuestra existencia crudamente fracturada?

NO.

Él tiene los pies cubiertos de polvo.

El sudor y la mugre pintan su cara de compasión.

Carne y sangre visten al que es la luz divina.

El dolor y la pérdida asaltan al Hijo del hombre.

Y mientras Él llora, sus lágrimas nos recuerdan que nuestro dolor ligado a esta tierra es sorbido en las eternas profundidades del corazón de Dios.

¿Quién sino solo Jesús?

Dios en mi sufrimiento.

Dios en mi dolor.

Dios en mis tinieblas.

¿Quién si no solo Jesús?

El que quebranta la maldición.

El que vence a la muerte.

El que restaura la esperanza.

¿Quién si no solo Jesús?

El Dios que se inclina y que es más grande que nuestras cojeras; más grande que nuestros temores; y a la luz de la eternidad, ¡el que gloriosamente revelará las multiformes bendiciones escondidas de su gracia triunfadora!

Roberto Torres Cedillo

Capítulo 15

EN LA ESPERA

por Roberto Torres Cedillo

Bendito sea el Dios y Padre de nuestro Señor Jesucristo,
Padre de misericordias y Dios de toda consolación, el
cual nos consuela en toda tribulación nuestra, para
que nosotros podamos consolar a los que están en
cualquier aflicción con el consuelo con que nosotros
mismos somos consolados por Dios.

—2 Corintios 1:3–4

"¿Pero dónde está el Dios de poder y milagros?".
Tal vez estés pensando: "Muy bien, qué bonito
suena conocer al Dios de compasión, pero mi
realidad sigue igual. ¿Me va a sanar o no? Si realmente es
bueno, Él me sanará. Si mi circunstancia no cambia, entonces quiere decir que realmente no es todopoderoso para
intervenir o que no me ama lo suficiente".

Estos pensamientos y otros similares atosigan a todos
aquellos que mantienen una fe genuina en medio de circunstancias contradictorias e inexplicables. Una fe robusta
y auténtica en Jesucristo no puede ignorar que vivimos en
un mundo contaminado por el pecado y bajo el ataque del

diablo: "Sabemos que somos hijos de Dios, y que el mundo entero está bajo el control del maligno" (1 Juan 5:19, NBD). Jesús nunca comunicó un mensaje que ignorara nuestra realidad o que garantizara una vida sin sufrimiento: "Yo les he dicho estas cosas para que en mí hallen paz. En este mundo afrontarán aflicciones, pero ¡anímense! Yo he vencido al mundo" (Juan 16:33, NBD). La vida abundante que Él prometió primeramente es el Reino de Dios en nosotros por medio de su Espíritu Santo: "Porque el reino de Dios no es cuestión de comidas o bebidas sino de justicia, paz y alegría en el Espíritu Santo" (Romanos 14:17).

Sin embargo, este Reino del cielo también afecta nuestro mundo exterior. Los evangelios están repletos de historias de cómo el Hijo de Dios ejercía autoridad sobre la naturaleza, las enfermedades, el diablo y la misma muerte. En esta vida nos enfrentaremos a cada uno de estos oponentes.

Pero Jesucristo radicalmente cambia no solo el resultado de este enfrentamiento, sino también el proceso de la batalla y la espera por la victoria que ya ha sido ganada.

Déjame ahora mostrarte al Dios de poder que amo y quien ha ejercido su poder asombroso a través de cada batalla y cada gigante que ha venido en mi contra.

El evangelio de Juan relata una historia misteriosa y conmovedora donde podemos ver y aprender que el Dios de compasión y el Dios de poder es uno, y vemos el resplandor de su rostro en Jesucristo.

Un amigo cercano de Jesús llamado Lázaro estaba enfermo. Sus hermanas, Marta y María, le avisaron a Jesús para que Él viniera a sanarlo. Pero cuando Jesús se enteró de la condición de Lázaro, hizo algo inaudito: "Se quedó dos días más en el lugar donde estaba" (Juan 11:6, NBLH). Podríamos pensar que a Jesús no le importaba tanto Lázaro; tal vez el Maestro tenía que atender a personas más importantes. Con tanta gente necesitada que se acercaba al Maestro, Lázaro era solo uno de tantos que estaba sufriendo.

¿A veces no te sientes así, como si tu situación y sufrimiento no fueran la prioridad número uno de Dios? Oras fervientemente, le haces saber tu condición, y en vez de venir inmediatamente a tu rescate, Él hace algo inexplicable.

¡Cuántas veces oraron por mí de pequeño para que Dios me sanara de la hemofilia! Las oraciones eran genuinas y la fe de mis padres era tierra fértil para ver la cosecha de una sanidad total.

Pero Jesús hacía algo inexplicable.

La sanidad total no se manifestaba.

Es en esta paradoja, es en esta tensión y aparente contradicción donde Jesús dice: "Esta enfermedad no es para muerte, sino para la gloria de Dios, para que el Hijo de Dios sea glorificado por medio de ella" (Juan 11:4, NBLH).

¿Y sabes por qué Jesús dijo esto hace 2000 años y lo sigue diciendo ahora?

Porque me ama. Porque te ama.

El verso siguiente dice: "Y Jesús amaba a Marta, a su hermana y a Lázaro" (v. 5).

La aparente incongruencia que nos incomoda y nos deja boquiabiertos es saber que Jesús nos ama, pero no actúa en la forma en que nosotros queremos o esperamos.

¡El Maestro no llega!

Seguimos bajo el pisoteo del dolor.

Y después de un tiempo, Lázaro muere.

La esperanza de que el Maestro pueda tocarnos y cambiar nuestro lamento en baile se esfuma cruelmente.

Como María, no queremos dejar nuestra casa cuando escuchamos que Jesús por fin llegó. Estamos enojados, confundidos, dolidos, porque Aquél que según decía amarnos llegó demasiado tarde.

Pero Jesús nos llama por nombre, así como llamó a María (v. 28).

Con el corazón hecho trizas, salimos corriendo hacia el Maestro y nos arrojamos ante sus pies.

El tiempo parece detenerse y con el alma desnuda, gemimos desde las entrañas: "Señor, si tan solo hubieras estado aquí..." (v. 32).

Al ver la ruptura del corazón humano, el Hijo de Dios se estremece con justa indignación y toda la magnitud de la misericordia del Dios eterno se desborda sobre nosotros.

El peso de la eterna gloria de Dios colisiona con el aguijón temporal de nuestro sufrimiento.

Y allí, en medio de nuestro sepulcro, rodeados de todos aquellos que desconfían del Maestro que supuestamente llegó tarde, Jesucristo levanta un clamor y proclama poderosamente: "Yo soy la resurrección y la vida; el que cree en mí, aunque muera, vivirá [...] ¡Lázaro, sal fuera!" (Juan 11:25, 43, NBLH).

El Maestro no te fallará

Porque me ama. Porque te ama.

Aunque no lo entiendas; aunque todo a tu alrededor parezca decir lo contrario.

Jesús te ama.

Hasta la fecha, en lo natural, no he visto la manifestación de una sanidad total. Pero lo que quiero que entiendas es que he visto y experimentado milagros sobreabundantemente mayores.

Así como Marta y María que tuvieron que esperar al misterioso y bondadoso Jesús de Nazaret, todos nosotros, de una u otra forma, en esta vida nos encontramos en la misma espera. Estamos en la encrucijada del tiempo y la eternidad.

Pero confiamos indubitablemente que el Maestro nos ama y no nos fallará.

Es en la espera y en el proceso donde conocemos íntimamente al Dios de compasión y al Dios de poder.

Es en la espera de un corazón débil y dolido donde el poder de Dios se perfecciona.

Es en la espera donde Jesús nos llama por nombre.

Es en la espera donde Dios llora con nosotros.

Es en la espera donde los que ven nuestra fe son convencidos de que Aquél que espera juntamente con nosotros es fiel para sostenernos.

Es en la espera donde experimentamos la certeza innegable de que la bondad de Dios trasciende nuestro entendimiento, pero a la misma vez es victoriosamente palpable en la vida, muerte y resurrección de Jesucristo.

Y es en la espera donde humildemente y amorosamente aprendemos a decirle al Señor:

No me tienes que sanar para que pueda conocer tu bondad... el conocer tu bondad es lo que verdaderamente me sana.

En ese altar me esperabas

Hace ya algunos años llegué a un altar con una maleta llena de sueños, esperanzas, ilusiones, con un corazón lleno de amor y expectativas. También llevaba algo de miedo a lo desconocido, al cambio, al futuro que me aguardaba. Pero ahí estabas tú Abba; ese día ahí estabas tú. En ese altar me esperabas. Con el paso de los años me has enseñado que has guardado tu Palabra. Has estado a mi lado y no me has dejado. Y ese día en ese altar, en el eterno presente que vives, viste tres preciosas perlas que me regalarías de ese intercambio. Cada una de ellas me ha bendecido más de lo que yo hubiera imaginado.

Robi, mi primogénito que abrió matriz; el que ha sido apartado por ti desde el vientre de su madre; el aceite de mi corazón, el de ojos nobles y corazón bondadoso; el que siempre está tratando de aprender más de ti; amante de la verdad, llamado a defender tu honor. ¡Muchas gracias por su vida!

Mi Daniel, mi depósito en el cielo; mi alabastro, un pedacito de mí cerca de ti.

Jessica, tu gracia besándome; tu gozo desbordado. Mi princesa de ojos hermosos llenos de brillo y alegría; de alma fuerte y bondadosa, enviada con un canto del cielo que habla de la gracia que besa al hombre cuando a ti te place por tu pura misericordia. Tu amor desbordado por mí a través de ella; mi oración contestada, el gozo de mi corazón. Muchas gracias por su vida y un millón de gracias por el milagro de sanidad sobre ella.

¡Muchas, muchas gracias, Abba!

Claudia Cedillo de Torres

NOTAS

CAPÍTULO 1
LO INESPERADO

1. Datos tomados de la Federación Mundial de Hemofilia (FMH); www.wfh.org/es.
2. *Ibíd.*
3. *Ibíd.*
4. *Ibíd.*

CAPÍTULO 2
APRENDÍ A CONFIAR

1. Luther, M. *The Table Talk of Martin Luther.* Dover Publications Inc., 2005, p. 207.

CAPÍTULO 5
ABRACÉ SU OBRA EXTRAÑA

1. Lewis, C. S. *Mere Christianity.* Harper Collins Publishers, 1980, p. 136.

CAPÍTULO 11
PEREGRINOS Y EXTRANJEROS

1. Augustine, St. *The Confessions of Saint Augustine.* Baker Book House, 2005, p.17.

ACERCA DE LA AUTORA

Claudia Cedillo de Torres es una educadora que se graduó del Instituto Normal del Estado de Puebla en México. Conoció a Jesucristo como su salvador personal a los 17 años de edad y poco después inició su vida ministerial. También fue maestra del Instituto Bíblico Estandarte para las Naciones y colaboró activamente en el ministerio de mujeres de su congregación. Está certificada como *coach* de *coaches* y *coach* de vida con "Lifeforming Leadership Coaching". Además, ha sido fundadora y directora de programas de danza y artes plásticas en Estados Unidos, y ha viajado como conferencista internacional con participaciones en México, EE. UU., Europa e Israel.

Actualmente es parte del equipo de consultoría y *coaching* de Efectividad Humana; desarrolla su labor como escritora motivacional; y viaja como conferencista impartiendo principios transformadores para la familia y el liderazgo. Lleva 28 años de casada y radica en la ciudad de Chesapeake, Virginia, EE. UU. junto a su esposo, Roberto y sus dos hijos, Roberto y Jessica.

Para contactar a la autora:

https://www.facebook.com/Claudia Cedillo de Torres

www.prisionerosdeesperanza.org

RECETAS DE
JUGOS, BATIDOS Y
ALIMENTOS ORGÁNICOS
PARA UNA SALUD ÓPTIMA

ESTAS GUÍAS DE FÁCIL ACCESO
Y DE REFERENCIA RÁPIDA INCLUYEN:

RECETAS PARA infusiones, jugos y batidos curativos.

RECOMENDACIONES PARA recetas de alimentos crudos
que ayudan a sanar diferentes condiciones de salud.

CONSEJOS PARA preparar, limpiar y
almacenarsus jugos y batidos, ¡y más!

Recupere su familia y
fortalezca su futuro

CONOZCA:

- Las 4 cosas que destruyen una familia
- Cómo los padres pueden ganar el respeto de sus hijos
- Los siete hábitos para desarrollar en familia

¡podemos vivir juntos y disfrutar el viaje!

SIXTO PORRAS
DIRECTOR DE ENFOQUE A LA FAMILIA PARA EL MUNDO HISPANO

🔥 CASA CREACIÓN

WWW.CASACREACION.COM | FACEBOOK.COM/CASACREACION

14002